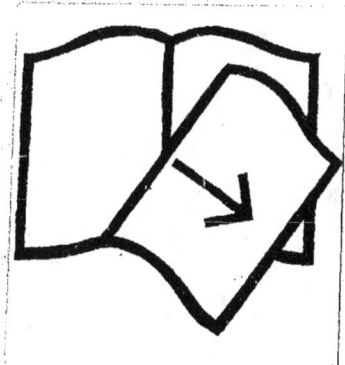
Couverture inférieure manquante

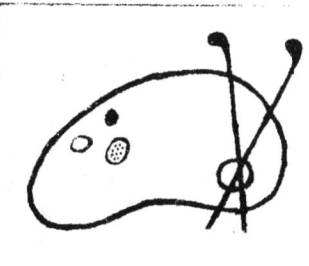
Début d'une série de documents en couleur

LOUIS GUIBERT

LARON

TOPOGRAPHIE, ARCHÉOLOGIE, HISTOIRE

LIMOGES
IMPRIMERIE ET LIBRAIRIE LIMOUSINE
Vᵉ H. DUCOURTIEUX
Libraire de la Société archéologique et historique du Limousin
7, RUE DES ARÈNES, 7

1893

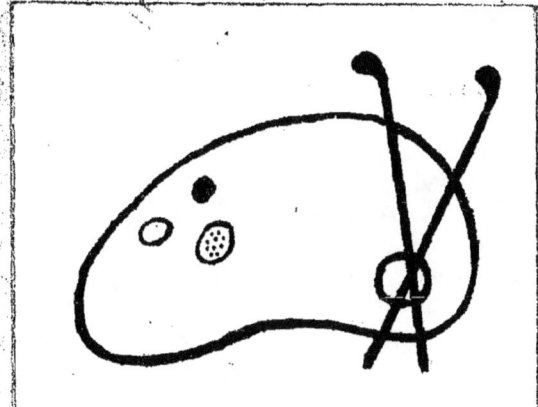

Fin d'une série de documents en couleur

ALARON

TOPOGRAPHIE, ARCHÉOLOGIE, HISTOIRE

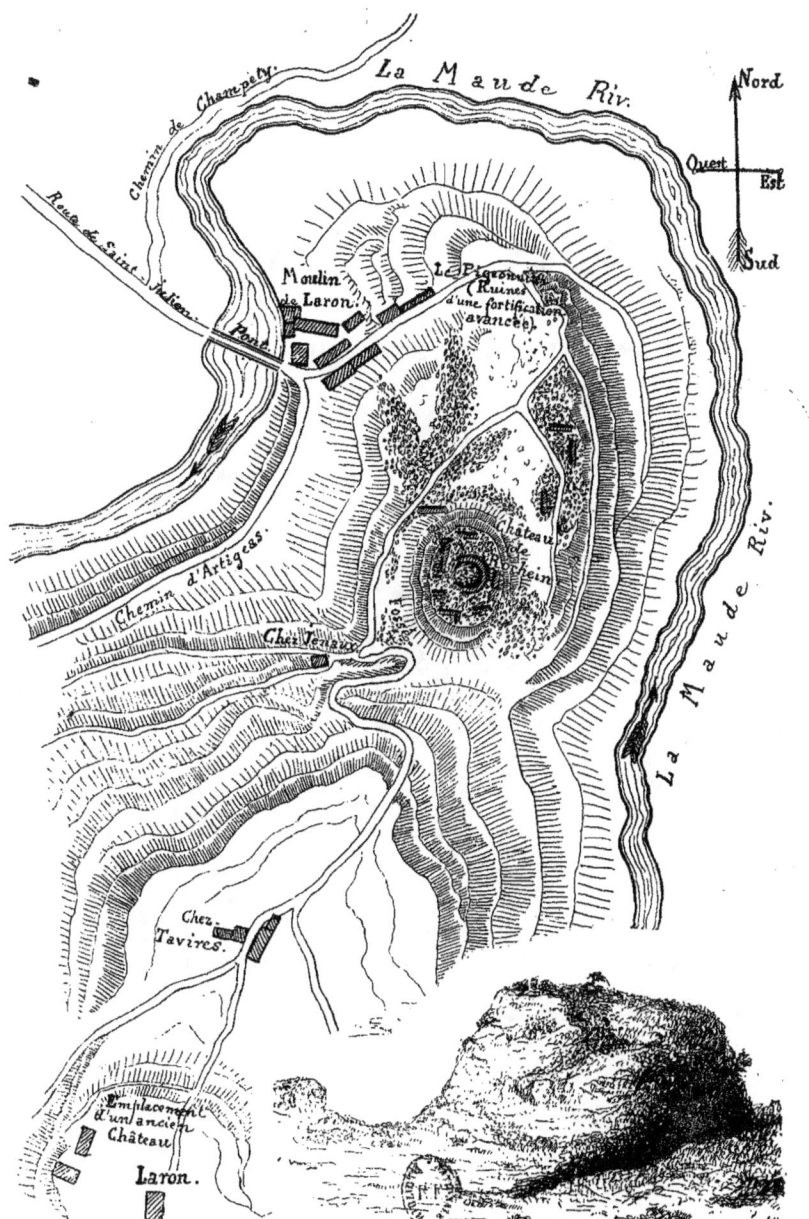

PLAN DE LARON

Louis Guibert

LARON

TOPOGRAPHIE, ARCHÉOLOGIE, HISTOIRE

LIMOGES
IMPRIMERIE ET LIBRAIRIE LIMOUSINE
Vᵉ H. DUCOURTIEUX
Libraire de la Société archéologique et historique du Limousin
7, RUE DES ARÈNES, 7

1893

LARON

Topographie, Archéologie, Histoire

Le massif montagneux qui forme, au Nord-Est d'Eymoutiers, vers le point de contact de nos trois départements Limousins, une sorte de bourrelet irrégulier, d'aspect tourmenté, semé de bosses fort inégales, atteignant sur quelques points une altitude de plus de huit cents mètres, et sillonné par les profondes vallées de la Maude et de ses affluents, mérite assurément l'attention des géologues, des topographes, des amateurs de sites pittoresques ; mais il a plus de titres encore à appeler celle des personnes vouées à l'étude de l'histoire. On trouve là, en effet, un petit canton resserré entre le Limousin et la Marche, et qui, dans le passé, n'a partagé les destinées provinciales d'aucun de ces deux pays. Rattaché à Bourganeuf, à Montmorillon et à Poitiers par un lien dont la force et la persistance ont lieu de nous étonner, ce territoire, d'une étendue relativement restreinte, s'est maintenu dans cette situation anormale pendant toute la durée de l'ancien régime, et on le trouve jusqu'en 1790 étranger aux groupes féodaux et aux circonscriptions judiciaires qui l'enceignent : il est demeuré isolé, continuant d'obéir à une attraction dont le principe nous échappe, fidèle à des relations séculaires, soumis à des juridictions lointaines, en dépit des inconvénients de tout genre qui résultaient nécessairement d'un semblable état de choses. De nos jours encore, il conserve quelques coutumes particulières dont les tribunaux, les justices de paix surtout, ont assez souvent à tenir compte.

I

Peyrat et Laron

Deux foyers principaux d'activité et de vie sociale se manifestent de bonne heure sur ce petit coin de terre, à qui étudie avec quelque attention son passé : Peyrat et Laron, — Peyrat, vieux château remontant aux premiers siècles de la monarchie franque, sinon plus haut, possédant à une époque reculée plusieurs églises, de date ancienne, agglomération d'une certaine importance, décoré du titre de *bourg* dès le douzième siècle, alors que ce titre équivalait à celui de petite ville (1), ayant déjà des sénéchaux particuliers au temps de Henri II d'Angleterre et de Richard Cœur-de-Lion (2), — Laron, fort ruiné et oublié depuis des siècles, mais dont l'origine n'est ni moins lointaine, ni moins obscure, et dont les maîtres nous apparaissent puissants et redoutés longtemps avant les Croisades, dans cette première période de l'âge féodal, si peu et si mal connue de nous, effrayant chaos où s'ébauchent au milieu d'une sorte de brume, dans le désordre et la violence, une société moins barbare, des mœurs moins rudes, une nouvelle civilisation plus conforme à l'idéal chrétien.

L'une et l'autre de ces localités sont mentionnées à des diplômes de la période mérovingienne donnés en faveur de la grande et illustre abbaye de Saint-Denis. Le premier de ces titres, daté du 20 avril 627, émane d'une pieuse dame qui paraît appartenir à la famille royale : Théodila ou Théodetrude, fille de Bradulfe. Au nombre des domaines dont elle dote l'église de ce monastère, se trouve la villa de Peyrat, au pays de Limousin, avec ses bâtiments, ses serfs et ses dépendances (3). Il y a toute raison de penser qu'il s'agit ici de

---

(1) Les habitants de Peyrat sont qualifiés de *burgenses* à un certain nombre de documents du xiiie siècle et de la fin du xiie (fonds de l'Artige et de Grandmont, aux Archives de la Haute-Vienne).

(2) *Brandislus, senescallus de Peyrato*, (Cartulaire d'Aureil, aux Archives de la Haute-Vienne, f° 72 v°) ; *Gaufridus Ysauret, senescallus de Peyrato* (Ibid., f° 28 v°).

(3) *Volo etiam esse donatum villa quæ cognominatur Patriago, quæ est in pago Lemosino, cum domibus, mancipiis, terris, pratis, etc.* (Pardessus: *Diplomata, chartæ, epistolæ, leges*. Imprimerie nationale, 1849, t. I, p. 227, 228, t. II, p. 42). — *Revue des Sociétés savantes*, 1862, t. I, p. 60 et J. Havet : *Questions mérovingiennes : les origines de Saint-Denis*.

Peyrat-le-Château ; car, d'un autre document d'une date peu antérieure (20 juin 626), il résulte que cette dame avait des possessions dans les environs, du côté de Royère en particulier (1).

Quoiqu'il en soit, un diplôme du roi Dagobert I de l'an 636, c'est-à-dire de neuf années seulement postérieur à la donation que nous venons de rappeler, mentionne et le château de Peyrat, et la chapelle, l'église et à ce qu'il semble le château de Laron. Cette fois une méprise n'est pas possible. Les deux localités dont il est parlé à ce document sont bien celles que nous avons en vue. Voici en quels termes est conçue la donation :

« Nous donnons aussi (2) .... certaines possessions sises au pays de Limousin et de Berri et jusqu'ici assignées au domaine royal, savoir : notre château appelé *Patriagus*, avec les églises et les exploitations qui dépendent de ce château, puis notre cour de *Patriacus*, sise sur la rivière de la Vige, avec notre chapelle consacrée en l'honneur du Saint-Sauveur, plus les trois églises existant dans ladite *villa*, et toutes leurs dépendances. Nous y ajoutons deux *villas* avec leurs églises, situées sur la rivière de la Voueize, à savoir : *Petraficta* et *Patriacum*... et notre *villa* appelée *Fornolis*, et *Nigromons* avec son église. Nous donnons de plus la chapelle de Laron, et l'église de la paroisse, avec toutes les églises dépendant de ce château et situées tant au dehors qu'au dedans dudit château (3)... »

(1) PARDESSUS : *Diplomata*, etc. t. II, p. 9. La date de 631 y est indiquée à tort. M. Z. Toumieux a donné, dans le tome XXXIX du Bulletin de la Société archéologique du Limousin (p. 630), une étude intéressante sur la topographie de ce diplôme.

(2) *Res quasdam in Limosino et Bituricensi sitas confinio, regio hactenus adscriptas dominio : in primis videlicet castrum nostrum quod dicitur Patriagus, cum ecclesiis, villis etiam ad ipsum castrum pertinentibus... deinde curtem nostram quæ vocatur Patriacus, sitam super fluvium Vigiæ* (Jugiæ par une erreur évidente), *cum cappella nostra in honore Sancti Salvatoris consecrata, et cum tribus ecclesiis in eadem villa existentibus, et cum omnibus appendiciis suis. Addimus namque alias villas duas cum ecclesiis quæ sitæ sunt super fluvium Vulsiæ, videlicet Petramfictam et Patriacum... et villam nostram quæ dicitur Fornolis, et Nigromontem cum ecclesia, Campaniacum cum ecclesia. Damus etiam cellam de Larundo et ecclesiam parochialem, cum omnibus ecclesiis ad ipsum castrum pertinentibus, tam intus quam extra.* (PARDESSUS : *Diplomata*, etc. t. II, p. 42).

(3) Il semble bien que ce dernier mot de *castrum* s'applique à Laron. Il est difficile d'admettre qu'il se rapporte à Peyrat. On peut se demander si *cella* signifie ici : chapelle ou grange, grenier, dépôt.

Nous avons avec intention conservé la forme donnée par ce document aux noms de lieu qui y sont mentionnés, parce que les identifications proposées jusqu'ici de plusieurs de ces noms ne sont pas absolument certaines.

Si nous pensons, avec M. Alfred Jacobs, avec M. Julien Havet (1), que le château de *Patriagum* ne saurait être que Peyrat-le-Château, nous estimons aussi, ne connaissant dans la contrée aucune autre localité de dénomination analogue, qu'on peut avec sûreté identifier *Larundo* avec Laron. Ces deux points, Peyrat et Laron, n'étant distants l'un de l'autre que de huit ou neuf kilomètres, nous sommes conduit à chercher à proximité de ces localités, les autres églises et villas concédées au monastère de Saint-Denis par Dagobert. Or, en jetant les yeux sur une carte du canton d'Eymoutiers, nous apercevons, à très peu de distance les unes des autres, et groupées pour ainsi dire autour de nos deux points de repère, les localités dont les noms rappellent, de la façon la plus frappante, ceux de toutes les villas énumérées au diplôme de 636. Voici, sur le territoire de la commune de Beaumont, à trois kilomètres environ au Nord-Est du bourg, le village de Pierrefitte (*Petraficta*), et à deux kilomètres au sud de même bourg, le hameau de Champagnat (*Campaniacum*). Un peu plus au Sud, dans la commune de Rempnat, nous trouvons le village du Fournet ou Fourneix — autrefois peut-être Fournel ou Fourneils — qui pourrait à la rigueur correspondre à *Fornolis*, et qui est presque sur le bord de la Vienne; enfin, à une très faible distance vers le Sud, celui de Nègremont (*Nigromons*). La proximité de ces deux derniers groupes d'habitations justifie l'indication du texte faisant de *Nigromons* et de *Fornolis* une seule et même villa... Il semble difficile d'admettre que la réunion en ce point, si remarquable et si complète, de localités portant des dénominations identiques à celles des villas données ou confirmées en 636 à l'abbaye de Saint-Denis, soit une rencontre fortuite et une indication sans valeur? Et nous hésitons à nous éloigner, à la suite de M. Havet, du canton montagneux où semble nous fixer cette nomenclature, pour aller, par exemple, chercher *Nigromons* à Saint-Georges-Nigremont (Creuse), qu'une assez grande distance sépare de Peyrat-le-Château, visiblement le centre des domaines concédés.

Il faut toutefois reconnaître que nos identifications pèchent par plusieurs côtés et qu'il serait assez difficile de les soutenir.

(1) *Revue des Sociétés savantes*, année 1862, t. I, pages 60 et 243; — J. Havet, *les Origines de Saint-Denis*.

Ni Nègremont, ni Champagnat ne paraissent avoir jamais possédé d'église, alors que Saint-Georges Nigremont est encore le chef-lieu d'une paroisse. Une autre objection non moins grave est soulevée par le nom de la rivière sur laquelle sont situés Pierrefitte et *Patriacum* — que nous ne réussissons pas à identifier dans notre hypothèse. — Pour admettre nos traductions, il faudrait lire *Vigenna* au lieu de *Vulsia*. *Vulsia* ne peut être que la Voueize, et précisément cette rivière passe au bas de deux bourgs, Pierrefitte et Peyrat-la-Nonière, qui répondraient fort bien aux indications de notre document. Celui-ci au surplus présente d'autres points obscurs, quelle que soit la solution adoptée. Ainsi nous avons en vain cherché la *cour* de Peyrat sur la Vige. Personne n'a pu nous signaler un lieu de ce nom à proximité de cette rivière. Il est vrai qu'à d'autres diplômes dont nous allons parler et où il s'agit bien, semble-t-il, des mêmes localités, le mot *Patriacus* est remplacé par *Parciacum*.

Quoiqu'il en soit des identifications ci-dessus, Charlemagne, en 811, et en 905 Charles-le-Simple renouvellent les libéralités de Dagobert. Dans un de leurs diplômes, qu'a publié Doublet parmi les *Preuves de son Histoire de l'abbaye de Saint-Denis*, nous retrouvons, explicitement dénommés, le château de Peyrat et son église, le bourg de Peyrat et son église, ainsi que la chapelle de Laron (1).

Comment Peyrat et Laron furent-ils définitivement enlevés au monastère de Saint-Denis? Le silence gardé sur ce point par les chroniques et les documents d'archives nous interdit de faire à cette question aucune réponse. Il est vraisemblable que cette dépossession se produisit durant la période de crise d'où devait, avec un nouveau classement des terres, une nouvelle hiérarchie des personnes, sortir le régime féodal destiné à survivre au moyen âge. En tout cas, Peyrat semble n'avoir plus d'attache avec la royale abbaye dès la fin du XIe siècle, puisqu'en 1097 le pape Urbain II, confirmant au monastère de Saint-Martial de Limoges son domaine spirituel et

---

(1) *Damus... Patriacum etiam castrum nostrum et ecclesiam ejusdem loci, et burgum cognomine ad Patriacum et ecclesiam ejusdem burgi, et Parciacum, quod est situm super flumen Vigiæ, et cellam de Larundo, in pago Lemovizino, eorumque appendicia ac subsequencia, quæ quorumdam paritate* (*) *hominum a cœnobio beatorum martyrum Dionysii, Rustici et Eleutherii injuste cognoscendum esse sublata, eidem cœnobio in perpetuum reddidimus.* (*Hist. de Saint-Denis*, Paris, 1625, p. 672, 727, 729).

(*) Il faut lire certainement : *pravitate.*

temporel, comprend, dans l'énumération des églises de sa dépendance, celles « de Saint-Denis et de Saint-Martin de Peyrat (1). »

On sait peu de choses, au surplus, sur ces deux très anciennes églises. Au xve siècle, celle de Saint-Martin fut rebâtie, au moins en grande partie. Quant à Saint-Denis, un texte récemment publié la nomme vers le milieu du xiie siècle, en lui donnant la qualification de monastère (2). L'abbé Nadaud atteste, dans son *Pouillé rayé du diocèse de Limoges* (3), qu'au milieu du dernier siècle, l'édifice tombait en ruines.

L'ancien château de Peyrat a depuis longtemps disparu. La grande tour carrée qui subsiste au bord de la route d'Eymoutiers à Bourganeuf et qui domine la ville et l'étang, ne nous a paru conserver aucune partie antérieure au xiiie siècle.

L'histoire de Peyrat offre un certain intérêt. Nous avons donné ailleurs quelques indications sur la baronnie dont cette ville fut le siège (4), et tout récemment reproduit, d'après les *Rotuli litterarum patentium* de la Tour de Londres, une charte de Jean-sans-Terre, roi d'Angleterre, en faveur des bourgeois de Peyrat (5). Nous ne nous proposons pas aujourd'hui de reprendre et de traiter ce sujet, plus vaste peut-être qu'il ne semble au premier abord. C'est de Laron seulement que nous voulons nous occuper dans cette étude.

II

Les deux montagnes de Laron

Nous avons relevé le nom de Laron à un texte de la période mérovingienne; nous l'avons retrouvé sur un diplôme de 811. Dès ces

---

(1) *Apud Pairac, ecclesias Sancti Martini et Sancti Dionysii* (BALUZE : *Miscellanées*, t. VI, p. 388). Voir à ce sujet un article de M. le chanoine Arbellot sur Peyrat, dans le n° de la *Semaine religieuse du diocèse de Limoges* du 8 février 1868, (n° 6) p. 69, 70.

(2) LEROUX et BOSVIEUX : *Chartes, chroniques et mémoriaux*, p. 51.

(3) Conservé à la bibliothèque des Sulpiciens du Grand Séminaire (n° 1 du Catalogue des manuscrits).

(4) *Les Enclaves poitevines du diocèse de Limoges*. Limoges, Ve Ducourtieux, 1886, in-18.

(5) *Bulletin de la Société archéologique et historique du Limousin*, t. XXXVII, p. 391. Ajoutons que, dans le même recueil, t. XXXVII, p. 392 et p. 804, et au tome IV des *Archives historiques du Limousin*, M. Pierre Cousseyroux a publié d'intéressants documents sur Peyrat-le-Château.

temps reculés, il y a là et une chapelle, et une église paroissiale, et, semble-t-il, un château : Laron nous apparait déjà, sinon comme le chef-lieu de cette partie de la contrée, tout au moins comme un de ses points les plus remarquables et les plus connus. Aux xiiᵉ et xiiiᵉ siècles, époque à laquelle le château semble avoir déjà perdu de son importance, il demeure comme une sorte de repère et sert à désigner avec plus de précision quelques localités voisines ; on trouve souvent : Saint-Julien de ou près Laron, Conjat près Laron (1).

Que signifie le nom de Laron et d'où vient-il ? Plusieurs étymologies ont été proposées. Mais aucune des solutions indiquées ne paraît concluante.

Il importe d'abord de rapprocher les formes diverses de ce nom que fournissent les anciens documents. La première qu'on rencontre est donnée par les diplômes mérovingiens et carlovingiens mentionnés plus haut : c'est *Larundum, Larundus* ou *Larundo*. Le chroniqueur Geoffroi de Vigeois écrit aussi : *progenies Larumdensium dominorum*, et le cartulaire de Saint-Etienne de Limoges, cent ans plus tôt : *Ademar Larondensis* ; celui de l'Artige : *de monte Larundi*. On trouve au cartulaire d'Uzerche : *Lerunto, Lerunt*. Nous avons noté ailleurs : *Larond, Laruntz, Larunt, de Leronto, de Leronte, de Laronte, Laront, Leron, Laron*. Toutes les citations que nous avons relevées se réfèrent à une de ces formes. Seul, l'abbé Nadaud, dans son *Pouillé rayé*, fait allusion à un texte où le Mont Laron est dénommé : *Mons Arundinis* ; mais il omet d'indiquer la provenance de cette citation. Il signale aussi, comme se rapportant à la localité qui nous occupe, un *mansus de Latronibus* dont il serait parlé aux *Acta Sanctorum*, tome IV de juin, p. 756. On trouve en effet, à cette page, l'évêque Jourdain de Laron dénommé *Jordanus de Latronibus;* mais nous ne connaissons aucun aucun autre exemple de cette forme étymologique et elle nous semble fort suspecte. Elle est du reste plus récente que celle fournie par les diplômes dont nous venons de parler et dont l'orthographe, on voudra bien le remarquer, est confirmée par tous les textes postérieurs.

Nous nous permettrons donc de ne pas nous arrêter aux deux étymologies de Nadaud (2). Il serait plus naturel de penser que le profil arrondi du Mont-Laron a pu suggérer une dénomination dont

(1) Cartulaires d'Aureil, de Beaumont ; obituaire de Saint-Martial, etc.
(2) Page 158. Ajoutons que Nadaud propose encore comme éléments étymologiques, le mot hébreu *aaron* (montagne) ou le flamand *laren* (pâture publique). Les philologues choisiront.

nous rencontrons seulement une forme corrompue. Mais nous n'insistons pas sur une supposition qui prête elle-même le flanc à la critique.

Ce nom de Laron est, de nos jours encore, donné à deux montagnes placées en face l'une de l'autre et que sépare le cours rapide de la Maude, appelée *Mouda* au Cartulaire de l'Artige et à d'autres textes anciens. Celle qui par elle-même offre le plus d'intérêt est le Mont-Laron. Son sommet n'est pas à une altitude inférieure à 622 mètres, et elle a toujours été considérée comme une des éminences les plus remarquables de la région. Placée sur l'extrême limite des deux départements de la Haute-Vienne et de la Creuse, mais comprise presqu'en entier dans la circonscription du premier, elle se détache très nettement de la petite chaîne à laquelle elle appartient et élève au milieu des sommets voisins, moins dégagés et moins saillants, sa croupe arrondie, aux courbes larges et pleines. Ses flancs, jadis couverts de bois, sont aujourd'hui à peu près dénudés, et on les voit se revêtir à l'automne de bruyères roses du plus charmant effet. Au sommet s'étend un assez vaste plateau qui n'offre aucune particularité remarquable. La partie de la montagne qui s'étend sur le territoire de la Haute-Vienne possède trois villages : Conjat à l'Est, Champety au Sud et Mont-Laron au Sud-Ouest. Sur le versant occidental, non loin de la cîme, jaillit, dans un pli de terrain, une fontaine, dite de Saint-Laurent, dont les eaux abondantes arrosent les prairies de Saint-Julien-le-Petit, vieux bourg construit sur un contrefort de la montagne. L'église de ce bourg, dédiée à St-Julien-de-Brioude, paraît avoir été édifiée vers 1150. Le Chapitre d'Eymoutiers nommait à la cure. (1).

Nous avons vu plus haut que ce bourg est souvent appelé Saint-Julien près Laron, ou même Saint-Julien-de Laron.

A peu de distance de la fontaine de Saint-Laurent, on reconnaît les vestiges d'une chapelle placée sous l'invocation du même saint. St-Laurent au Mont-Laron était un prieuré de la petite congrégation de l'Artige (2), qui dès son établissement posséda des droits sur

(1) Nadaud : *Pouillé rayé*, p. 158. Le chapitre y pourvoit du moins en 1440, 1556, 1558, 1571, 1613, 1630, 1634, 1657, 1692, 1714, 1732, 1762. On voit toutefois l'évêque nommer à cette cure en 1512.

(2) M. Emile Grignard, dans son *Dictionnaire de la Haute-Vienne* (manuscrit des archives du département) se trompe en affirmant d'après Nadaud que cette maison ne fut fondée qu'en 1467. La seule liasse D 1177 des archives de la Haute-Vienne fournit deux mentions du prieuré de Mont-Laron : l'une de 1439 : *(prioratus de Montlaron)*, l'autre de 1266 : *(domo de Monleron)*.

ces montagnes; on lit, au cartulaire de ce prieuré, qu'un des fondateurs du monastère, le Vénitien Marc, obtint des petits seigneurs du voisinage une partie de la forêt du Mont-Laron (1). Les droits du monastère à Conjat et dans d'autres localités des environs sont signalés en 1184, 1189, 1192, etc. (2). Une communauté fut établie dans la maison du Mont-Laron; un document des archives de la Haute-Vienne fait mention du précepteur de ce petit monastère (3), un autre des « bonshommes » de ce couvent (4).

On voit, en 1266, Ahélis, femme de Roger de Laron, fonder un anniversaire à l'Artige et faire un don à ce monastère en faveur du couvent du Mont Laron; celui-ci reçoit aussi, en 1295, certaines libéralités d'un riche bourgeois de Peyrat, Boson *Coheta*, dont le nom figure à beaucoup de chartes de cette époque (5). On possède une accense du prieuré de Saint-Laurent du Mont-Laron, datée de 1439 et nous avons pu relever les noms de quelques titulaires de ce prieuré : en 1443, il appartient à frère Gérald Roux, chanoine de l'Artige, qui accense la même année à Pierre de Lage, de la paroisse de Saint-Julien, « le lieu ou métairie de Mont-Laron, ses appartenances et le bois *deu Queysanteu*. En 1682, le prieuré appartient à Jean de Brucelle, prêtre, habitant de St-Léonard ; le 16 septembre 1683, le titre a passé à Louis de Brucelle ; le 5 décembre 1691, à Martial de La Chambre, chanoine de St Léonard. Un prêtre de la même ville, Jean Gay, est dit prieur de St-Laurent du Mont-Laron dans deux documents dont les dates sont séparées par un intervalle de plus de quarante ans : 21 mai 1730 et 4 mars 1771. Il est permis de se demander s'il s'agit dans l'un et dans l'autre de la même personne. Ce bénéfice toutefois avait été réuni au Collège des Jésuites, vers le milieu du XVIIe siècle. Les Jésuites le donnèrent en 1689 à un chanoine régulier de l'Artige, compétiteur, semble-t-il, d'un des prieurs nommés plus haut : ils en pourvurent un peu plus tard un chanoine de Bénévent (6). En 1751, le revenu de ce petit

---

(1) *Peciit partem silve que vocatur Monleron a dominis ipsius silve, qui dederunt cum summa benivolentia, scilicet G. Lazaias et W. consanguineus ejus de Pairac, et W. de Lazaias et frater ejus Boso, et B. de Visio et frater ejus G. et Ema, mater eorum, et Aimiricus et frater ejus W. postulantes societatem beneficiorum ejus, etc.*

(2) Archives Haute-Vienne D. 1089, D. 1090, D. 1091.

(3) *Ibid.* D 1089.

(4) *Les bosomes de Montlaront*, charte s. d. du cart. d'Aureil, *fol.* 14.

(5) *Ibid.* D. 1177 et fonds de Grandmont, *passim*.

(6) Arch. de la Haute-Vienne, liasses de l'Artige, dans le fonds du Collège série D.

prieuré était tombé à vingt trois livres. Sur la demande du titulaire, l'évêque, Mgr du Coëtlosquet, réduisit, par ordonnance du 11 septembre, les charges du prieuré à douze messes basses par an, et prescrivit la démolition de la chapelle, qui tombait en ruines. Le produit de la vente des matériaux devait être employé à la réparation et à l'embellissement de l'église paroissiale de Saint-Julien (1).

Au Sud-Ouest du Mont-Laron, s'élève une autre montagne, dite du Bois de Laron : celle-ci d'une forme plus tourmentée et d'une altitude moindre. Elle était autrefois couronnée par une forêt dont quelques parties subsistent encore. Aux XIIe et XIIIe siècles, on trouve plusieurs mentions de cette forêt, *nemus de Laron*. Près du sommet, existe une fontaine dite : de Sainte-Chabrière, et appelée quelquefois, mais à tort, semble-t-il, de Sainte-Geneviève, qui est le but d'un pèlerinage très connu dans le pays, et très fréquenté pendant tout l'été, à partir de la moisson. Les paysans s'y livrent aux mêmes pratiques qu'au bord de la plupart de nos « bonnes fontaines ». On y voit quelques *ex-votos* : béquilles, linges, mèches de cheveux, touffes de laine. Les pèlerins jettent aussi des sous dans la fontaine, sorte de flaque d'eau d'une limpidité médiocre, qui se conserve dans un bassin naturel, creusé au milieu d'un fragment de rocher. A ce lieu se rattache une légende, écho fort reconnaissable de l'histoire si populaire de Geneviève de Brabant.

En descendant le versant nord de la montagne du Bois-Laron, on traverse des landes, des terrains pierreux et accidentés, de maigres châtaigneraies ; puis on rencontre, s'étageant comme des degrés, plusieurs paliers successifs dont le dernier, légèrement incliné à l'Est, présente quelques terres cultivées, de mauvais pacages et trois ou quatre bouquets d'arbres. Voici le vieux village des Granges de Laron, et à peu de distance à l'Ouest de celui-ci, le hameau de Laron, formé de six ou sept pauvres masures, et où les yeux cherchent en vain quelques traces de l'église paroissiale donnée par Dagobert aux moines de Saint-Denis. Plus bas encore, on trouve les bâtiments de Chez Tavires, que dessert un très ancien chemin, pavé de gros blocs de pierre et au tracé tourmenté, vrai chemin de montagne. A ce point, au-dessus de Chez Jenaux, l'arête de la colline s'accentue ; la masse rocheuse qui se rétrécit et forme un promontoire qui s'avance au Nord, puis s'abaisse peu à peu, encadrant ses dernières déclivités dans une boucle de la rivière. Au sommet de ce promontoire, sur un ressaut de terrain que défendent à droite et à gauche des pentes escarpées, surgit une butte de huit

(3) *Pouillé rayé*, 158.

à neuf mètres de relief, sentinelle avancée de la montagne, dominant le cours de la Maude. Celle-ci de trois côtés : à l'Est, au Nord et à l'Ouest, la protège et forme comme un fossé naturel en avant de la montagne, aux pieds de ce mamelon dénudé, que surmonte une plate-forme de plan presque ovale et qui appelle de loin l'attention du voyageur non sans piquer sa curiosité. C'est Rochein.

III

Le château de Rochein

Il n'est pas nécessaire d'un examen bien long pour reconnaître dans ce monticule une motte carlovingienne. Celle-ci est assurément la plus importante et la mieux caractérisée de toutes celles dont il existe des vestiges dans le pays.

La butte est formée en partie par le rocher, en partie par des apports de terre et des constructions. Elle était jadis protégée, au moins sur plusieurs points, par un revêtement en moellons et en pierres de taille grossièrement équarries, dont une partie subsistait encore, il y a un demi-siècle (1). Le monticule factice ainsi constitué reposait sur un soubassement dont le travail de l'homme avait, à l'Est et à l'Ouest, accentué la déclivité, de façon à augmenter les difficultés de son accès. A l'Est, la pente du soubassement continue sans interruption celle même du glacis de la motte et rend cette dernière inabordable de ce côté. Au Nord, une sorte d'esplanade se trouve ménagée en avant du monticule, et il est vraisemblable qu'un fossé la coupait. On trouve également à l'Ouest, à la base même de la motte et sur le rebord, assez large de ce côté, du soubassement, un mouvement de terrain très sensible, indiquant l'existence d'un fossé qui contournait le monticule. La dépression s'accentue au Sud, vers le point même où le promontoire, un peu en arrière de la butte, se soude à la montagne. Là on trouve un fossé très reconnaissable encore, dû tout entier au travail de l'homme.

La motte proprement dite offre l'aspect d'un tronc de cône à section elliptique, dont la base aurait de trente-cinq à quarante mètres de longueur au plus, sur vingt à vingt-deux de largeur et dont la

(1) C'est du moins ce qui résulte des explications très circonstanciées que nous donnent MM. le Dr Gaillard, de Bourganeuf, et Pitauce, ancien instituteur à Saint-Julien.

plate-forme mesurerait une trentaine de mètres sur seize ou dix-huit environ, soit un peu plus de cinq cents mètres carrés de superficie. Nous avons dit qu'elle s'élève à huit ou neuf mètres au-dessus de la petite esplanade qui couronne le soubassement en avant de la butte. Celle-ci garde encore tout son relief, et bien que le revêtement constituant en quelque sorte son armure, ait à peu près disparu, et que ses flancs, couverts d'éboulis, laissent voir de larges cicatrices à demi dissimulées par les plantes sauvages, la masse accuse encore avec netteté sa forme primitive. Vers le Sud-Est, toutefois, les ruines d'une tour ont adouci l'escarpement, et la culture, qui s'est emparée d'un petit carré de terrain, a modifié, avec le profil du soubassement, l'aspect de la partie inférieure de la motte elle-même.

Toute la déclivité du promontoire, du pied de la butte jusqu'au village du moulin de Laron, fort ancien et plusieurs fois mentionné dans les documents de nos archives, accroupi au bas de la montagne, à quelques centaines de mètres plus loin, est couverte de débris, de longues traînées de pierres amoncelées, semblables à de minuscules moraines. Au milieu de ces débris, on distingue quelques restes de murailles dont il est presque toujours difficile, tant celles-ci sont écrasées, ébréchées, couvertes de décombres et de végétation, de déterminer la direction exacte et qu'il ne faut pas songer à tenter de relier entre elles.

La motte est connue dans le pays sous le nom de *Butte de Rochein, château de Rochechein, de Rutchein* ou *des Rocheins*. On ne lui applique pas d'autre dénomination. C'est ainsi du reste que nous la trouvons désignée au cadastre, où elle forme une parcelle spéciale, portée sous le n° 60, et au Répertoire archéologique joint au *Dictionnaire géographique* du département de la Haute-Vienne, de M. Emile Grignard. Ni M. Allou ni aucun des archéologues qui, depuis le commencement du siècle, se sont occupés de l'étude de nos monuments, n'ont consacré une ligne, accordé une mention au château de Rochein : celui-ci semble être demeuré absolument inconnu d'eux tous (1).

Et pourtant, le château qui s'est jadis élevé sur cette motte dominait un territoire assez étendu. Outre qu'il commandait le cours de la Maude, il pouvait surveiller, au Sud, la campagne d'Eymoutiers et la vallée de la Vienne, par un large créneau s'ouvrant entre deux

(1) Un seul livre imprimé, à notre connaissance, signale le château de Rochein. C'est la *Géographie de la Haute-Vienne*, de M. Taboury. (Limoges, V° Ducourtieux, 1886, 1 vol. in-12). Cet ouvrage fait remonter, nous ignorons sur quelles données, la destruction du fort au xvi° siècle,

montagnes. L'emplacement est bien choisi pour une vedette. Ce château fut en effet, au moyen âge, un avant-poste du comte de Poitiers, plus tard du roi de France, planté entre le grand fief de la Marche et l'agglomération un peu factice, sans lien féodal entre ses parties, qui constituait le Limousin.

De l'édifice lui-même qui s'élevait sur la butte, il ne reste que d'informes décombres. On a démoli les murs jusqu'au dessous du niveau de la plate-forme pour en prendre les matériaux. Tous les morceaux d'une certaine dimension ont été soigneusement enlevés; la pierraille seule a été laissée, et elle forme des amas qu'il faut franchir en trébuchant. Vers le milieu de la motte, un peu au Nord-Est, on distingue les restes d'une tour ronde, qui avait peut-être remplacé le donjon primitif; on reconnait aussi quelques débris de l'enceinte, quelques contreforts, et il est possible de constater la direction de trois ou quatre murs intérieurs. A part cela on ne saurait, à moins de fouilles assez laborieuses, songer à dresser, d'une façon un peu précise, le plan des constructions qui couronnaient le monticule. Après deux essais tentés à quatre mois d'intervalle, nous avons dû y renoncer.

Les renseignements que nous avons recueillis dans les environs, les indications surtout qu'a bien voulu, avec une rare obligeance, nous fournir M. le Dr Gaillard, de Bourganeuf, nous permettent seulement de fixer quelques points. Ainsi, en arrachant de la pierre au sommet de la butte, il y une quarantaine d'années, on mit à découvert une pièce voûtée; mais elle ne fut pas explorée avec tout le soin désirable. Les gens du pays prétendent que cette pièce avait été la cuisine de l'ancien château. Il n'y a aucun motif d'admettre cette destination.

Sur cette même plate-forme, dans la partie Sud, M. Gaillard avait trouvé, il y a trente ou trente-cinq ans, un petit appartement rectangulaire dont le sol était formé de carreaux de brique fort dure, et d'un grain très fin, mais sans glaçure ni décor émaillé. Il existait probablement une communication directe entre les souterrains du château et un aqueduc fort ancien, dont on voit quelques traces. Cet aqueduc, qui vient du haut de la montagne, passe sous la butte et se dirige ensuite vers le Nord-Est : il a été reconnu, sur quelques points au moins de son long parcours. L'eau captée provient d'une source naissant dans un petit ravin, distante de mille ou douze cents mètres : elle est dirigée vers Rochein par un canal recouvert tantôt d'une voûte en moellons, tantôt de grosses pierres, et assez haut, nous a-t-on assuré, pour qu'un homme puisse y passer en se courbant un peu. L'eau y coule dans une rigée creusée en plein rocher. Sur certains points, les montants du conduit sont en maçonnerie, comme la voûte. Outre cet aqueduc, M. Gaillard nous assure avoir visité, en compagnie de quelques ouvriers, une galerie souterraine dont l'entrée se trouve presque en face de la butte, du côté du Nord-Ouest, sous un gros éclat de granit. Ce souterrain, assez large pour que deux personnes puissent y passer de front, présente de loin en loin, sur le côté, des banquettes taillées dans le rocher ou dans le tuf. Les explorateurs n'allèrent pas très loin; ils n'avaient recueilli, sur leur parcours, que quelques débris de charbon et de briques, une serpette rongée par la rouille, mais ne différant en rien de celles en usage aujourd'hui, et un éperon en fer, d'une longueur démesurée.

On rencontra, à peu de distance de là, la margelle d'un puits en maçonnerie. Ce puits a été comblé, mais beaucoup de personnes l'ont vu à cette époque. Elles se le rappellent fort bien, et ajoutent, cela va sans dire, qu'il s'enfonçait dans le cœur du roc et descendait jusqu'à la rivière.

Une porte à plein cintre, recouverte par les décombres, existe encore un peu au-dessous du niveau de la butte. On raconte dans le pays qu'on a pu une seule fois ouvrir cette porte et qu'elle donne accès dans une pièce où, derrière une table d'or massif sur laquelle est posé un énorme chandelier, tout en or aussi, un squelette se voit, assis dans un grand fauteuil de forme antique... mais depuis plus de soixante ans, personne n'a pu déblayer la porte. Tout ce qu'on peut constater, c'est que le cintre en pierre de taille existe bien réellement sous les décombres.

Ajoutons, pour ne rien omettre, qu'un ouvrier prétendit avoir ramassé dans les ruines une pièce de monnaie « portant la date de l'an mil ». On sait que les monnaies du moyen âge n'étaient point datées : le brave homme avait certainement mal lu et il convient de ne pas attacher d'importance à ce détail.

A une centaine de mètres au Nord de la motte de Rochein, au point même où le chemin qui monte du moulin bifurque et où s'en détache à droite le sentier se dirigeant vers le château, on trouve un autre monticule en forme de cône tronqué, moins régulier que la butte principale et d'un relief moins net, mais accusant un travail d'une certaine importance. C'est le *Pigeonnier*. Il y avait là, soit une tour, soit un autre ouvrage de fortification destiné à défendre l'approche du donjon. Il ne paraît pas qu'on ait découvert en cet endroit aucun objet pouvant offrir quelque intérêt.

Aucune chronique, aucune charte, nul titre ancien ne mentionne, à notre connaissance, le château de Rochein. Comme il est hors de doute qu'un tel fort, établi dans une semblable position et construit dès une époque fort reculée, a dû jouer un rôle notable dans l'histoire de la contrée, il faut admettre que ce château a porté un autre nom et que c'est sous cette dernière dénomination qu'on le trouve désigné dans les anciens documents.

Une seule hypothèse se présente à l'esprit et bientôt s'impose : Rochein ne saurait être que le premier fort de Laron, la tour d'où sortit une des plus grandes familles féodales du pays, cette race des *Comtors* de Laron, connue dès le x° siècle, puissante au xi° et alors l'égale des plus vieilles races nobles de l'ancien diocèse de Limoges, des Pierre-Buffière et des Lastours, des Bernard et des Escorailles, des Malefayde et des Chabrol. C'est là le château que les cartulaires de plusieurs de nos abbayes désignent dès cette époque reculée comme la principale résidence de ces chevaliers.

Le premier manoir des Laron n'a pu s'élever que sur cette montagne, dont ces seigneurs avaient tiré leur nom. C'est sur le rocher décrit aux pages précédentes, que le fondateur de leur lignée guerrière a planté l'arbre de sa race et que celui-ci a pris racine. Le Mont-Laron ne garde ni vestige ni souvenir d'un établissement féodal. L'existence d'un fort au-dessous du Bois-Laron est au contraire établie par une tradition constante et dont nous avons pu recueillir nous-même le témoignage.

La mémoire populaire atteste toutefois qu'il y eut là deux maisons seigneuriales distinctes et elle ne place pas le château de Laron sur la butte même de Rochein, mais à quelques centaines de mètres en arrière, vers le Sud, au milieu d'une châtaigneraie, en un point qu'on nous a montré, tout auprès des masures du misérable hameau de Laron. Quelques indices confirment l'existence d'un manoir dans ce lieu, et la famille Jagot La Coussière, alliée à la descendance des derniers barons de Laron, tient, de la façon la plus certaine, qu'une habitation seigneuriale s'élevait autrefois sur l'emplacement dont il s'agit : cet édifice aurait été démoli au xvii° siècle et les matériaux utilisés pour la construction du petit manoir de Saint-Julien-le-Petit; mais il est également de tradition dans la même famille et à plusieurs autres anciens foyers de la contrée, que ce château de Laron avait remplacé le fort de Rochein, beaucoup plus ancien que lui et détruit dès une date fort reculée. Tout tend à confirmer ces souvenirs, qui nous ont été très nettement exprimés par plusieurs personnes sérieuses et instruites.

Au hameau de Laron, rien ne rappelle le souci de la défense, préoccupation dominante des constructeurs du moyen âge ; aucun vestige de quelque intérêt, de quelque caractère, ne frappe les yeux. Deux ou trois murs en ruines ; quelques tas de pierres dispersées : rien de plus. Néanmoins un terrain couvert de débris, attenant à une maison, portait naguères encore le nom de « cour du château » et l'entrée de cette cour est dénommée : « porte du cocher ». Si un cocher est jamais passé par là, ce n'est pas assurément assis sur son siège... Tout à côté, M. le Dr Gaillard a vu jadis une cave d'une construction soignée et ayant appartenu à un édifice plus important que les humbles chaumières du voisinage.

Tout s'accorde donc à confirmer l'exactitude de la tradition conservée par les propres descendants des possesseurs de ce second manoir, et si nous reconnaissons qu'un château relativement moderne s'est élevé tout auprès du hameau actuel, nous considérons comme un fait établi l'identité de la motte de Rochein avec le donjon primitif de Laron.

Ce nom de Rochein ou Rutchein, quelques paysans disent « Rutchei » — *lou chateu dó Rutchei* — peut être tout simplement une forme corrompue de la dénomination de Château-rocher, que certes mérite bien le fort de la Maude. Mais il n'est pas impossible qu'il conserve un écho du nom de Roger, porté par un certain nombre de membres de la famille de Laron, et qui fut peut-être celui du fondateur de la race. De même que, au confluent de la Briance et de la Ligoure, on disait indifféremment : « le château haut de Châlucet » ou « le château des Bernard », « la tour des Jaunhac » (1) ou « Châlucet-bas », on a pu appeler le fort de la Maude tantôt « la tour de Laron », tantôt « le château des Roger ». Ce dernier nom prévalut quand un nouveau manoir eût été bâti par des barons de Laron issus d'une moins illustre souche, à trois ou quatre cents mètres de la motte, et eût pris à son tour, du nom de la montagne et de celui de ses maîtres, la dénomination de « château de Laron ». Il paraît impossible d'admettre que la construction de ce dernier édifice n'ait pas été très postérieure à celle de la motte de Rochein. On ne saurait admettre sans preuve l'existence, dans des temps très anciens, de deux châteaux aussi rapprochés, et le fort de Rochein, ou plutôt son assiette, dénote une époque très reculée : il est même permis de penser que le *castrum* des temps mérovingiens n'avait pas été le premier fort établi sur cette colline, et qu'avant lui le rocher en avait porté d'autres. Nul vestige précis ne permet de l'affirmer ; toutefois le site et l'aspect de Rochein rappellent de la façon la plus remarquable ceux de plusieurs camps gaulois établis sur des croupes rocheuses ou des promontoires presque entièrement entourés d'eau.

Quatre ou cinq documents du XIIIe siècle mentionnent l'existence

---

(1) Aujourd'hui, par corruption, tour Jeannette.

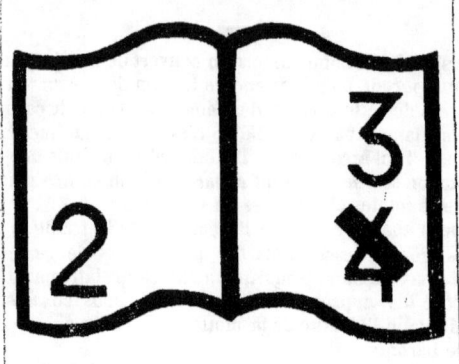

Pagination incorrecte -- date incorrecte
NF Z 43-120-12

PAGINATION DECALEE

A PARTIR DE LA PAGE २-1

d'une mesure spéciale de Laron (1). C'est là un indice sûr de l'ancienneté d'une juridiction.

IV

La famille de Laron aux x° et xi° siècles; Comtors et Evêques.

Le rôle des maîtres de Rochein, au cours de la période féodale proprement dite, ne nous est révélé que par un petit nombre de témoignages. Quand l'autorité royale affermie étend d'une façon incontestée son action sur le pays, Laron nous apparaît comme un centre officiel de cette action; mais à ce moment, nous sommes parvenus aux dernières années du xiii° siècle : l'histoire du château touche à sa fin; la puissance de ses seigneurs a décliné, et la race énergique cantonnée depuis quatre siècles au moins sur cette montagne ne compte déjà plus parmi les grandes familles de la contrée. Et elle va bientôt s'effacer si complètement, qu'on ne saurait dire à quelle époque s'éteint la descendance directe des Roger.

Il s'en faut que l'histoire de la féodalité soit faite pour notre région. Les précieux renseignements que nous fournissent à cet égard, pour la période antérieure au xiii° siècle, les chroniques d'Adémar de Chabannes et du prieur de Vigeois, sont de simples jalons trop insuffisamment reliés entre eux par les brèves indications de nos chartes. En ce qui a trait aux chevaliers de Laron, nous devinons, bien plus que nous ne pouvons les constater, leur action et leur influence au lendemain même des courses et des pillages des Normands. Quelques notes historiques sur le vieux monastère de Saint-Léonard de Noblat, tirées d'un ancien cartulaire, prouvent qu'à ce moment ces seigneurs comptaient déjà parmi les plus puissants barons du pays. Ils commirent, comme tous leurs voisins, des usurpations sur les domaines de l'Eglise et s'emparèrent des biens du monastère que saint Léonard et ses disciples avaient établi, au vi° siècle, dans la forêt de Pavum (2), à peu de distance en aval de

(1) *Uno sextario avene et una emina siliginis ad mensuram de Leront*, 1259. *Sextariatas siliginis ad mensuram de Leront*, 1267 (Arch. Haute-Vienne, D. 1089).

(2) *Dirutum a Danis Nobiliacense cœnobium, ad suum accersivere dominium toparchæ Leronienses, sæculis X°, XI° et XII° potentissimi* (Recueils de D. Estiennot, manuscrit latin 12747 de la Bibliothèque nationale, p. 127).

l'endroit où la Maude se jette dans la Vienne. C'était la seule épave de quelque valeur qui fût à leur portée.

Toutes les anciennes familles eurent un prénom préféré, caractéristique, qu'on retrouve à chaque génération, porté presque toujours par l'enfant destiné à hériter des prérogatives du chef de la maison et à soutenir la fortune de sa race. Ce prénom n'a pas été arbitrairement choisi : il rappelle le souvenir d'un aïeul illustre, de celui qui a fixé la famille dans la contrée, auquel elle doit ses possessions ou son principal établissement. Après avoir le plus souvent servi pendant un certain temps de dénomination patronymique au groupe, il est religieusement conservé dans la suite et permet souvent à l'historien, au généalogiste, de suivre la lignée à travers les vicissitudes de la destinée individuelle de ses membres et sous les appellations variées que ceux-ci tirent de leurs fiefs, de leurs acquisitions, de leurs alliances successives. Nous avons dit plus haut que le prénom le plus usité et peut être le nom primitif des seigneurs de Laron était Roger. Nous ne connaissons pas moins de onze ou douze membres de cette famille qui l'ont porté du xe au xive siècle.

Réunissons les notes que nous fournissent sur les Laron les documents contemporains, et à défaut d'une généalogie complète que l'insuffisance de ces indications ne permet même pas de songer à établir, essayons de grouper autour d'un certain nombre de noms les renseignements que nous avons pu recueillir.

Roger I et Vivien. — Le nom de Roger est porté par le premier de la race qui se détache de la pénombre du moyen âge et dont nous pouvons, grâce à deux documents précis, dégager la personnalité. Roger I de Laron, *Rogerius de Leronto*, cousin d'Arbert, abbé d'Uzerche, est mentionné par le cartulaire de cette abbaye à l'époque de la mort d'Hildegaire ou Aldger, évêque de Limoges, c'est-à-dire entre 988 et 990. Ce seigneur, « homme noble et vaillant », aida et protégea la fuite des chanoines d'Eymoutiers, qui, chassés de leur monastère, se réfugièrent à Uzerche, où ils reçurent un généreux et fraternel accueil (1). Le même Roger figure, auprès de Boson de

---

(1) *Canonici Avinni (Ahenti?) Monasterii, quos Hildegarius expulerat, coacti cedere loco, a Rogerio de Leronto, nobili ac strenuo, cui periculum sibi imminens apervervant, noctu, cum eorum supellectile, ad Arbertum, consanguineum suum, deducti...* (*Cartulaire d'Uzerche*, publié par M. J.-B. Champeval, dans le *Bulletin de la Société des Lettres, Sciences et Arts de Tulle*, année 1887, p. 404. Aux pages 536 et 537 du même volume, on trouve une relation plus détaillée des mêmes événements.

Lastours et de Gui, frère de ce dernier, au nombre des témoins nommés à une charte que concède, en 994, Boson de la Marche au même monastère. Il est appelé à ce document : *Rotgerius de Leron* (1). Nous ne savons rien de lui, sinon qu'il a été le père d'Adémar I.

Il n'est pas impossible que certains actes attribués à Roger II appartiennent à Roger I. On trouvera plus bas les raisons qui nous ont guidé dans cette attribution.

Roger paraît avoir eu au moins un frère : Vivien. C'est ce qu'on peut induire de deux actes du Cartulaire d'Uzerche datés, le premier de 996, le second de 1003, et où ces deux personnages sont nommés ensemble (2). Toutefois il n'est pas dit expressément que ces deux personnes appartiennent à la famille des seigneurs de Laron. Mais tout le fait présumer.

ADÉMAR I. — Adémar I, qui, d'après le *Nobiliaire de la généralité de Limoges*, vit en 1004 et 1028, a sa place à la fois dans la généalogie des Laron et dans celle des Lastours. Véritable patriarche féodal, il est la souche commune de ces deux grandes familles. Epoux d'Aolaarz, fille unique de Gui I *le Noir* de Lastours et d'Engalcie de Malemort, il a d'elle un fils qui renouvelle la sève de cette noble race (3). La mort d'Aolaarz survient, semble-t-il, peu après la naissance de cet enfant. Adémar contracte avec la sœur d'Itier Chabot, depuis évêque de Limoges, un second mariage. Le fils issu de cette union reçoit l'héritage paternel et continue la lignée des seigneurs de Laron (4). Notons qu'Itier Chabot, malgré ses possessions en Limousin, pourrait bien appartenir à une famille poitevine, la même qui donnera un siècle plus tard un second évêque, Sébrand, au diocèse de Limoges.

Le chroniqueur Geoffroi de Vigeois donne à Adémar la qualification de *Comtor*. C'était, dans la hiérarchie féodale, s'il faut en

---

(1) *Gallia Christiana nova*, t. II, instrum., p. 190. Voyez aussi le *Cartulaire d'Uzerche, Bulletin de la Société des Lettres de Tulle*, année 1888, p. 515 et 516.

(2) *Carta donationis Rotgerii et Viviani, tempore Adalbaldi abbatis* (*Cart. d'Uzerche*, au *Bull. de Tulle*, année 1892, p. 644).

(3) *Horum filiam unicam Aolaarz accepit Ademarus lo comtors de Laron, filius Rogerii, de qua genuit Guidonem* (Chron. Vosiense, apud LABBE : *Nova Bibliotheca, Rerum Aquitanicarum Scriptores*, t. II, p. 281.

(4) *Duxit uxorem sororem Iterii, episcopi Lemovicensis, de qua prodiit progenies Larumdensium dominorum, paterna hereditate* (*Ibid.*)

croire Du Cange (1), le titre immédiatement inférieur à celui de vicomte. L'indication n'est pas absolument sûre. D'autre part, le cartulaire de Saint-Léonard désigne les Laron sous la dénomination de *toparchœ*, mot qui se traduit communément par « baron ». On verra que Laron a en effet possédé le titre de baronnie, mais au xvii° siècle, au xvi° tout au plus. Nous ne connaissons aucun texte d'une époque un peu reculée qui applique cette qualification aux chevaliers de Laron. Quoi qu'il en soit, celle de *comtor* est plusieurs fois donnée à des seigneurs de la famille dont nous nous occupons ici ; à Adémar I notamment et à Roger IV dans les premières années du xii° siècle (2). Vierne, femme de Roger II, est appelée *la comtoresse*; il en est de même d'Almodis, femme de Roger IV (3). Peut-être même ce titre devint-il quelquefois un nom propre, un prénom comme cela est arrivé de *Marquis* et *Marquise*; témoins *Comptors*, épouse de Boson, vicomte de Turenne, nommée à plusieurs chartes dont la date est comprise entre 1060 et 1074 (4), et *Comptorix* de Lastours, prieure de Neuvic, dépendance de la Règle, entre 1292 et 1310 (5).

Nous parlerons plus bas de *Comptor* de Laron, femme de Jean de La Roche, damoiseau, nommé en 1336.

Du xi° au xiii° siècle, on trouve le titre de comtor porté par plusieurs seigneurs de la région. Le cartulaire de Saint-Martin de Tulle nomme, à un acte sans date, Eudes, comtor de Rilhac (6); à un autre, Béatrix, comtoresse de Chamboulive (7). Pierre, comtors de Chamboulive, figure à deux actes du cartulaire de l'abbaye de Vi-

---

(1) *Comitores, apud Catalanos (Ruthenos et Gabalos), dicuntur qui, in ordine militiæ seu vassalatus, post vicecomites et ante vavassores recensentur in actis antiquis.* — La *Grande Encyclopédie* Berthelot, en cours de publication, réédite cette définition. On voit qu'il y avait des *comtors* dans le diocèse de Limoges, comme dans les régions plus méridionales.

(2) *Rotgerius, comtor de Lerunt* (Recueil Gaignières, t. CLXXXIII-CLXXXIV, p. 130).

(3) *Cartulaire du prieuré d'Aureil*, aux Archives de la Haute-Vienne, série D, n° 656, fol. 30, 64, etc.

(4) *Boso, Vicecomes de Torena, cum uxore mea nomine Comptors, damus... Comptors, uxor Bosonis de Torenna (Cartulaire d'Uzerche*, au *Bull. de Tulle*, année 1891, p. 116 et 244).

(5) Archives de la Haute-Vienne, fonds de la Règle.

(6) Publié par M. Champeval, dans le *Bulletin de la Société scientifique et historique de Brive*.

(7) *Bulletin de la Société scientifique et historique* de Brive, année 1892, p. 179.

geois, entre 1060 et 1110 (1). Le Cartulaire d'Uzerche nomme, vers 1074, Pierre, comtor de Terrasson ; Gérald, comtor lui aussi de Terrasson, et les frères de ce dernier, Bernard et Pierre, comtors (2). On connaît, par une charte de Bénévent, Aldebert, comtor de Gargilesse (3); par les *Tables* de Saint-Cybard d'Angoulême, les comtors de Lugeras (4). Ajoutons que Pierre I, abbé de Vigeois, est frère du comtor de Mirabel. Le texte le plus récent qui donne ce titre à un membre de la famille de Laron, est de 1336.

Revenons à Adémar, dont nous a un peu éloigné cette digression. A aucun des articles qu'il consacre aux Laron (5), le *Nobiliaire de la généralité* ne nomme les enfants issus du mariage d'Adémar avec la sœur de l'évêque Itier : dans l'inextricable généalogie des Lastours que propose cet ouvrage, un seul de ces enfants est mentionné : Gérald (6), et nous ignorons d'après quel document.

La généalogie des Laron offre plus de difficultés encore que celle des Lastours. Nous indiquions plus haut des incertitudes au sujet de Roger I; il n'en existe pas de moindres touchant son fils. On peut se demander par exemple quel est l'Adémar de Laron qui, en 1052, prend part, avec les plus grands personnages de la région, au choix d'Itier Chabot en qualité d'évêque de Limoges. Le nom de ce chevalier figure (7), auprès de ceux du comte de Poitiers, du vicomte de Limoges, de Gérald et de Gaucelin de Pierrebuffière, au bas d'une lettre écrite à l'archevêque de Bourges pour notifier ce choix au métropolitain : on serait donc porté à reconnaître ici le gendre de Gui le Noir de Lastours, le beau-frère du prélat élu ; mais

---

(1) Publié par M. H. B. de Montégut au t. XXXIX du *Bulletin de la Société archéologique et historique du Limousin*, p. 26 et 89. L'éditeur du cartulaire émet à ce sujet l'opinion que le titre de *comtor* était purement honorifique et « qu'il désignait, parmi les membres d'une nombreuse famille de grands seigneurs féodaux, l'un d'entre eux d'une manière particulière ». Nous ne saisissons pas bien la pensée de M. de Montégut. Mais la citation qu'on trouve ci-dessous (note 2) semble renverser sa théorie.

(2) *Petrus, comptors de Terracio... Geraldus, comptor de Terrasso; fratres ejus, Bernardus et Petrus, comtor.* (*Bull. de Tulle*, année 1891, p. 210, 241, 244.

(3) Recueil Gaignières, t. CLXXXIII-CLXXXIV, fragments du Cartulaire de Bénévent-l'Abbaye.

(4) Du Cange, au mot *comitor*.

(5) T. III, p. 36 et 461.

(6) T. III, p. 41.

(7) *Ademar Larondensis* (*Cartulaire de Saint-Etienne de Limoges*, au manuscrit latin n° 9193 de la Bibliothèque nationale, recueil de D. Col. p. 231, 232.

la date de cette lettre est postérieure de près d'un demi siècle à la première mention du même Adémar signalée par le *Nobiliaire*, et lors de cette première mention, Adémar est déjà l'époux de l'héritière des Lastours.

MARBODE; GÉRARD I, SON FILS; SON PETIT FILS, JOURDAIN, ÉVÊQUE. — Vingt-neuf ans avant la date de l'élection d'Itier, il s'était produit un événement qui doit nous donner une haute idée de la puissance des maîtres de Laron, de leur situation dans la contrée, et du crédit acquis par eux auprès de la noblesse du diocèse. Le siège épiscopal de Limoges, occupé depuis de longues années par des prélats de la famille des comtes de Poitiers ou de celle des vicomtes de Limoges, devint vacant par la mort de Gérard I. Le choix du nouvel évêque paraissait devoir donner lieu à de vives compétitions; les plus grandes familles du pays se disputaient l'honneur et l'avantage de faire monter un de leurs membres sur le siège de saint Martial; on pouvait craindre que l'argent ne jouât un rôle dans l'élection. Le duc d'Aquitaine convoqua à Saint-Junien, au mois de janvier 1023, une nombreuse assemblée de seigneurs et d'ecclésiastiques afin de pourvoir à la vacance. Les suffrages du duc et des assistants, qui paraissent, au surplus, avoir confirmé le vœu du clergé et du peuple, se portèrent sur un Laron : Jourdain, prévôt du monastère de Saint-Léonard de Noblat, relevé par lui de ses ruines et où il avait, dit-on, rétabli la régularité. C'était, au témoignage d'Adémar de Chabannes, son contemporain, un homme de grande noblesse et de haute vertu (1). Son élection néanmoins ne fut pas exempte de reproches : la protection du duc, les sollicitations et l'influence des Lastours et des autres familles alliées aux Laron y eurent sans doute trop de part. Aussi l'épiscopat de Jourdain fut-il jusqu'à la fin troublé par d'incessantes discordes, et lui-même, instruit par une pénible expérience, essaya-t-il d'assurer au clergé le libre choix de son successeur en mettant le siège de Limoges à l'abri des entreprises du duc d'Aquitaine et des barons. En 1045, Guillaume V étant venu dans le pays pour chercher à y rétablir la paix, le prélat obtint de lui qu'il s'interdît expressément d'imposer un évêque contre le choix du chapitre cathédral et sans le consentement des nobles

---

(1) *Post mortem Gerardi episcopi, decertabant principes Lemovicenses pro episcopatu, cum simoniaca hæresi pontificatum vindicare conati... Dux apud sanctum Junianum placitum habuit ex hac causa... Adfuit ibi Wido vicecomes et omnes principes Lemovicini. Ibi, Dei nutu, elegit in episcopatus honore Jordanum, prepositum sancti Leonardi, magnæ nobilitatis et simplicitatis virum.* (Chron. Ademari, ap. Labbe, t. II, p. 180).

qui tenaient deux des principaux fiefs du domaine temporel du chef du diocèse (1). Ce solennel engagement fut violé peu d'années plus tard. Toutefois, la famille de Laron n'eut point à s'en plaindre, puisqu'à Jourdain succéda Itier Chabot, beau-frère, comme on l'a vu, d'Adémar I.

L'archevêque de Bourges avait refusé de reconnaître l'élection de Jourdain : celui-ci dut, pour obtenir la levée de l'interdit lancé contre lui, se rendre pieds nus auprès de son métropolitain : cent prêtres ou religieux de son diocèse l'accompagnaient.

Bien qu'il fût prévôt de Saint-Léonard lors de son élévation à l'épiscopat, le successeur de Gérard I, n'était encore que simple clerc et n'avait pas reçu les ordres; on les lui conféra quelques semaines après son élection, à Saint-Jean-d'Angély, où il fut sacré par l'évêque de Saintes, *coadjuteur de l'archevêque de Bordeaux* (2).

Jourdain de Laron mourut le 29 octobre 1051, et fut enseveli, comme la plupart de ses prédécesseurs, à Saint-Augustin, monastère situé aux portes de la ville épiscopale. Ce prélat avait fait, en compagnie du comte de Poitiers et d'Isembert, évêque de cette ville, un pèlerinage à Jérusalem. Son départ pour les lieux saints eut lieu peu après la consécration de l'église d'Arnac-Pompadour (juillet 1028). Le chroniqueur Adémar nomme parmi les barons qui assistaient à cette cérémonie, Gui de Lastours et son gendre, Adémar de Laron. (3).

Plusieurs chartes de l'évêque Jourdain nous ont été conservées. Mentionnons celle de 1027, relative à la concession, à l'abbaye de Saint-Martial, de l'église de Saint-Denis-des-Murs (4), et celle de 1050, par laquelle le prélat donne à l'église cathédrale et au chapitre de Saint-Etienne, la grande tour de Châteauneuf — ou du château neuf — le donjon ou la fortification sur laquelle cette tour s'élève, les maisons et airages dépendant de la part du prélat, le pré d'en haut, auprès de la fontaine; la forêt de Serre, la quatrième partie de la chapelle de Saint-Michel et de Saint-Quentin, toute la terre qui dépend de cette chapelle et qui est du ressort de Curzac. Nous aurons à revenir sur ce document. Constatons seulement que le

(1) Les chevaliers de Noblat et de Nieul. V. *Gallia Christiana nova* t. II, *instrum*, col. 172.
(2) *Chron. d'Adémar*, ap. Labbe, t. II, p. 180.
(3) *Ibid.* p. 184, et *Chron. de Vigeois*, Labbe, t. II, p. 283.
(4) A. Leroux, E. Molinier et A. Thomas : *Documents historiques concernant la Marche et le Limousin*. Limoges, V° Ducourtieux, 1883 et 1885, t. II, p. 14.

donateur distingue avec soin, parmi les biens faisant l'objet de cette libéralité, ceux qui proviennent « de son alleu héréditaire », et ceux qu'il tient, en fief sans nul doute, de la munificence du comte de Poitiers (1).

Jourdain n'était ni le fils ni le petit fils de Roger. Il appartenait à une branche collatérale, dont trois générations sont nettement indiquées à la charte relative à la donation faite par lui à son église, « pour le salut de son âme, de l'âme de son père Gérald, de celle de sa mère Odolgarde, de celles de son aïeul Marbode et d'autre Odolgarde, épouse de celui-ci. » (2). Ajoutons qu'on trouve Odolgarde ou Adalgarde, mère de Jourdain, s'associant en 1027 à une de ses libéralités en faveur du monastère de Saint-Martial.

C'est donc à tort que le *Nobiliaire* de Nadaud fait de l'évêque le frère du *comtor* Adémar (3). On sait, par le témoignage précis des chroniques, que ce dernier était fils de Roger, et non de Gérald.

ROGER II, PÈRE DE GÉRALD II, D'ADÉMAR II, DE GUI ET DE GÉRALD III.

— Il est peu vraisemblable que Roger de Laron, mari de Vierne et père de Gérald, d'Adémar, de Gui et de Gérald, nommé en 1029, 1036 et 1048, soit le même que le premier Roger dont l'existence nous est connue dès 988.

La mention de 1029 se trouve à un des *Cartulaires de l'Aumônerie de Saint-Martial de Limoges*. La femme et deux des fils seulement

---

(1) BESLY : *Histoire des Comtes de Poitiers*, p. 364. Voir aussi *Gallia Christiana nova*, instr. col. 179. Voici le passage de ce document sur lequel nous appelons ici l'attention :

Ego Jordanus, Dei gratia Lemovicæ sedis episcopus... de meo alodio quod hereditario mihi successit, dono atque concedo sancto Stephano, ad sedem Lemovicæ civitatis, et ad canonicos ejusdem sedis, in alodum, in communia ad canonicos... scilicet castello novo turrem superiorem et domnione ubi sedet, et domos et illas pleiduras quæ ad meam pertinent divisionem, pratum superiore (sic) *ad fontem, silvam quæ dicitur Serra, quartam partem capellæ S. Michaelis et S. Quintini cum omni terra quæ ad capellam pertinet, curtæ de Cursates, sicut est de feovo comitis Pictavensis : ipse Willelmus comes totum illum feovum dedit mihi in alodum extra episcopatum.*

(2) *Pro remedio animæ meæ, parentumque meorum Marbodi et Odolgarde, uxoris ejus, et patri* (sic) *meo Geraldo et uxore sua Odolgarde* (*Gallia christ. nova*, t. II, instr. col. 179). Le texte de cette charte, publiée par Besly, se trouve, avec quelques différences, à la copie du *Cartulaire de Saint-Étienne*, insérée aux recueils de D. Col, man. lat., n° 9193, p. 145.

(3) Nobiliaire, t. III, p. 36, 461.

de Roger s'associent à la donation qu'il fait à cet établissement (1).

Au mois de juillet 1036, Gui et Geoffroi, vicomtes de Limoges, et leurs frères Adémar et Bertrand, donnent l'église de La Faye, près La Mongerie, avec ses dépendances, à l'abbaye d'Uzerche. Les deux prmières personnes dont les noms figurent, après ceux des donateurs, au bas de l'acte, sont Roger de Laron et son fils Adémar (2), Gui de Latour (ou de Lastours ?), Bernard Chabrol et Bernard de Bré viennent ensuite.

Au mois de septembre 1048, Roger II à son tour donne au même monastère l'église de Millevaches. Ses quatre enfants sont désignés au texte de cette donation (3). Il est dit à l'acte que le seigneur de Laron abandonne à l'abbaye tout ce qu'il possède en alleu dans cette localité : *cum omni alodo meo qui in ipso loco est.*

Le mari de la fille de Roger, Hugues de Barmont, reprit aux moines d'Uzerche, l'église de Millevaches : mais dans la suite, vers 1085, la fille d'Hugues, Pétronille, la restitua à l'abbé Gérald (4).

Il serait plus que téméraire d'identifier le Roger de 1036 et 1048 avec celui de 988 qui, à cette date, n'est point un enfant, semble même n'être plus un jeune homme, vu le rôle joué par lui dans l'épisode de la fuite des chanoines d'Uzerche ; il est peu vraisemblable qu'une mention du Cartulaire d'Uzerche, sous la date de 1025, se rapporte à Roger I. L'acte où elle se rencontre a trait à la donation, par Gui, vicomte de Limoges, de Tourtoirac à ce monastère ; il y est dit que Gui a été déterminé à cette libéralité par les conseils ou les prières de plusieurs de ses « fidèles ». Ces fidèles sont nommés et au premier rang figurent Roger de Laron, Gui de Lastours et Bernard Chabrol (5). C'est à notre connaissance le seul

---

(1) *Rotgerius de Laron, uxor mea Vierna et filii nostri Ademarus et Geraldus.* (A. LEROUX, E. MOLINIER et A. THOMAS : *Documents historiques*, t. II, p. 12.)

(2) *Rotgerius de Leront et Ademarus, filius ejus* (*Bull. de Tulle* année 1892, p. 166).

(3) *Rotgerius de Leron... donavit ecclesiam vocatam Millevaccas... Geraldus, filius Rotgerii, clericus; alii quoque filii ejus : Guido de Leron, et Ademarus de Leron, et G[eraldus] qui hoc donum perhibuerunt.* Outre cette notice, on trouve au Cartulaire d'Uzerche le texte de la charte même : *Ego, in Dei nomine, Rotgerius de Leron, pro anima mea et pro animabus omnium parentum meorum,* etc. La charte donne en toutes lettres le nom de *Geraldus*. (*Cartulaire d'Uzerche*, publié par M. J.-B. Champeval au *Bulletin de la Soc. des sciences, lettres et arts de Tulle*, année 1893, p. 158.

(4) *Cartulaire d'Uzerche.* (*Bull. de Tulle*, année 1893, p. 159).

(5) *Hortantibus fidelibus nostris Rotgerio de Leron, Guidone de Turribus,* etc. (*Bull. de la Soc. de Brive*, 1888, p. 517, 519).

document ancien dont les termes sembleraient impliquer un lien de vassalité entre les seigneurs de Laron et les vicomtes de Limoges.

Parmi les mentions, fournies par divers cartulaires, qui peuvent avoir trait aux enfants de ce Roger, citons celle de la présence de Gui I de Laron à une concession faite par Hugues de Corpson au monastère de Tulle, entre 1053 et 1084 (1) ; celles de l'intervention d'Adémar II, à un acte d'une date peu différente de la précédente, consacrant une libéralité faite par le vicomte Adémar de Limoges à l'église cathédrale (2), et de sa présence à une donation du vicomte Archambaud II (?) de Comborn et de son frère Bernard au monastère d'Uzerche en 1061 (3) ; une autre relative à Adémar de Laron et à son frère Gui, et antérieure à 1052. Cette dernière se trouve aussi à une charte de l'église de saint Etienne (4).

Leur frère Gérald II est peut-être celui qui, vers l'an 1040, intervient à un acte du *Cartulaire d'Uzerche* (5) ; un Gérald de Laron, le même sans doute, donne entre 1073 et 1086, peu de temps avant sa mort probablement, au monastère de Tulle et à l'église de Saint-Jacques d'Altoir, le jour de la dédicace de cette dernière, un mas de la villa de Champeix, paroisse de Tarnac (6). Baluze fait toutefois de ce Gérald le fils d'Adémar I (7).

On trouve le nom d'Adémar de Laron à une charte de l'Aumônerie de Saint-Martial, au temps de l'abbé Pierre (Pierre I, de 1040 à 1048 ou 49, — ou Pierre II, mort en 1063), à l'occasion de l'abandon de redevances assises en la paroisse de Saint-Genest (8). Un seigneur du même nom figure comme témoin à une charte d'Uzerche, peu après 1036. On peut y reconnaître indifféremment ou le fils du premier Roger ou le fils du second ; mais c'est à coup sûr à Adémar II que se rapporte une autre mention du cartulaire de la même abbaye, placée par l'éditeur entre 1061 et 1064 (9).

(1) S. Widoni (sic) de Leron. *Bull. soc. Brive*, 1891, p. 457).

(2) *Aemar Leron* (Cartulaire de Saint-Etienne, man. lat., 9193, p. 129).

(3) *Cartulaire d'Uzerche* (Bull. de Tulle, année 1892, p. 347).

(4) *S. Ademari de Laron et fratri (sic) sui Guidoni (sic)*. (man. lat. 9193, p. 141.).

(5) *Geraldus de Leron* (Bull. de Tulle, 1888, p. 654).

(6) BALUZE, *Historia Tutelensis*, p. 475, 476 et *Cartulaire de Tulle* (Bull. de Brive, année 1892, p. 348).

(7) *Ademari istius item filius fuisse videtur Geraldus de Leron*. (Ibid., p. 139).

(8) LEROUX, MOLINIER et THOMAS : *Documents historiques*, t. II, p. 11.

(9) *Bulletin de la Soc. de Tulle*, 1888, p. 104, 652, etc.

Roger III, Gérald IV et Gui II, enfants de Gérald II. — Nous ne savons pas si Adémar II eut des enfants ; Gui I paraît avoir eu au moins un fils, du nom d'Olivier, et c'est probablement à eux que se rapporte un memento extrait d'un nécrologe et mentionnant l'inhumation de deux personnages de ce nom, le père et le fils, dans l'église d'Arnac Pompadour (1). — Le Cartulaire de Tulle établit avec certitude que Gérald II, bienfaiteur de l'église d'Altoir, eut au moins trois fils : Roger III, Gérald IV et Gui II. Les difficultés qu'avaient suscitées ces seigneurs au monastère à l'occasion de la libéralité faite par leur père, furent terminées par un accord, sous la date 1121 (2). Vers 1108, Roger III avait confirmé à l'abbaye d'Uzerche le don jadis fait au monastère par son aïeul, Roger II, de l'église de Millevaches (3). Nous avons dit que cette église, reprise à Uzerche par le gendre du donateur, avait été rendue à l'abbaye par la petite fille de ce dernier.

On voit que les enfants, après la mort de leurs parents, ne se conformaient pas toujours aux volontés dernières qui leur avaient été exprimées. Gérald II de Laron possédait à titre allodial un mas appelé le Fraise : Etienne Foucher, à qui appartenait la moitié de ce mas ou tout au moins la moitié des fruits, avait abandonné ses droits aux chanoines d'Aureil. Gérald consentit de son côté à leur céder les siens. Il semble que cette fois encore les fils du chevalier n'aient pas laissé les hommes de Dieu jouir en paix des libéralités de leur père. Néanmoins ils vinrent bientôt à résipiscence, se rendirent à Aureil et déclarèrent devant la communauté, en plein chapitre, qu'ils confirmaient le don de ce mas et les autres concessions de leur père (4). L'acte est du second quart du xiie siècle.

Parmi les noms des témoins de la donation de l'église de Vigou-

(1) *Guido de Leron et Oliverius, filius ejus, Arnaco sepeliuntur* (Bibl. nat. man. latin 12746, p. 673).

(2) *Rotgerius de Leron et fratres sui, Geraldus et Guido, calumniabant unum mansum qui vocatur Bassol de Campeils, qui est in parrochia de Ternat, quem pater eorum dederat sancto Martino et Sancto Jacobo de Altoire* (Baluze : *Historia Tutelensis*, p. 475, 176, et *Cartulaire de Tulle, Bull. de Brive*, 1892, p. 349).

(3) *Cartul. d'Uzerche. Bull. de Tulle*, 1893, p. 163.

(4) *Mansum qui vocatur li Fraises fuit alodium Geraldi de Larunt, et Stephanus Fulcherius habebat medietatem in illo. Qui Stephanus voluit eum dare Sancto Johanni... Geraldus donavit similiter hoc quod habebat... Et postea Rotgerius de Larunt et Geraldus, frater ejus, venerunt in capitulo et concesserunt hoc donum et omnia dona que fecerat pater eorum, coram omnibus fratribus.* (*Cart. d'Aureil*, fol. 62).

lent au monastère de L'Artige (1093), on relève celui de Pierre de Laron (1). Nous ne savons à quelle branche de la famille rattacher ce personnage. 1093.

Gui, évêque. — On a vu qu'à Jourdain de Laron avait succédé, sur le siège épiscopal de Limoges, Itier Chabot, beau-frère du *comtor* Adémar. L'administration d'Itier dura vingt-un ans. A sa mort, ce fut encore un membre de la famille de Laron qu'on désigna pour lui succéder. Gui de Laron, élu peu après le 9 juillet 1073, était-il le Gui que nous avons vu figurant à un acte antérieur à 1052 et à un autre de peu postérieur à 1053 ? Etait-il le fils de Roger II et de Vierne? Rien d'inadmissible à cette hypothèse, que paraît avoir acceptée le P. Bonaventure de Saint-Amable, l'historien de saint Martial. Il semble toutefois plus probable que le prélat appartenait à une autre branche, à celle qui avait déjà donné, un demi-siècle auparavant, l'évêque Jourdain à l'église de Limoges. Gui est dit neveu de ce dernier à la chronique du prieur de Vigeois (2), et il résulterait, d'autre part, d'un passage de l'*Histoire de Tulle*, de Baluze, qu'il était fils d'Adémar I, petit fils par conséquent du premier Roger (3). Nous ne connaissons qu'une seule mention antérieure à l'élévation de Gui à l'épiscopat où il soit permis de le reconnaître avec une entière certitude : on la relève à l'analyse d'une donation faite par Gaucelin de Pierrebuffière à l'abbaye du Tulle, en présence d'Archambaud, vicomte, et de « Gui de Laron, qui dans la suite devint évêque (4). »

A Adémar, père du prélat, pourrait se rapporter l'une au moins des mentions qui figurent plus haut et que nous avons attribuées à Adémar II, fils du second Roger.

L'évêque Gui de Laron eut une administration assez active ; il prit part à l'établissement de plusieurs monastères, de ceux entre autres de Meymac et de Bénévent. Sous son épiscopat, Cluny poursuivit ses conquêtes dans le diocèse de Limoges, et ses religieux s'établirent à l'abbaye de Beaulieu, comme ils s'étaient peu auparavant installés à Saint-Martial. La ville de Limoges fut assiégée vers 1082 par Gui Geoffroi, comte de Poitiers (5).

(1) Archives de la Haute-Vienne, D, 972.
(2) Ap. Labbe, *Rerum Aquitanicarum scriptores*, t. II, p. 281.
(3) P. 139.
(4) *Coram Archambaldo, vicecomite, et Guidone de Laron, qui postea fuit episcopus.* (Bull. de Brive, 1889, p. 162).
(5) A ce siège se rapporte une ligne du *Cartulaire d'Aureil* : *Quando Comes Pictavensis obsedit Lemovicensem pontem super pontem Alsete* (fol. 49r°). Ce texte, assez obscur du reste, renferme la plus ancienne mention qui nous soit connue du vieux pont Saint-Martial.

On sait peu de chose de ce siège et des évènements qui amenèrent Gui-Geoffroi sous les murs de la ville : on a supposé, non sans raison, que cette expédition avait été provoquée par une révolte des bourgeois contre le vicomte Adémar II (1). L'évêque Gui, qui avait eu à souffrir du voisinage d'Adémar, mourut entre le 3 février et le 1ᵉʳ mai 1086 (2), — le 24 janvier 1086, suivant l'abbé Nadaud. Il fut enterré dans sa cathédrale. C'était le premier évêque de Limoges qui y eût reçu la sépulture. L'abbé de Saint-Augustin, dont l'église possédait les restes de la plupart des successeurs de saint Martial, invoqua le droit qu'une coutume antique et respectée semblait lui conférer ; il obtint que le corps du prélat fût exhumé et transporté dans son monastère, auprès des autres évêques de Limoges.

V

Chevaliers et dames de Laron au douzième siècle et au commencement du treizième

Au XIIᵉ siècle, la généalogie des chevaliers de Laron n'est pas beaucoup plus claire qu'au siècle précédent, et elle ne nous paraît pas, en l'état actuel de nos connaissances, pouvoir être établie avec quelque certitude. Nous nous bornerons à signaler, dans l'ordre chronologique, en y joignant les références indispensables, quelques noms et quelques faits.

VIERNE, FEMME DE ROGER. GÉRALD IV. JOURDAIN. GUILLAUME. — Au temps de saint Gaucher, fondateur et premier supérieur du monastère d'Aureil, mort en 1140, une dame de Laron, Vierne ou Iverne « la comtoresse », fait un don à ce prieuré, avec l'assentiment de son seigneur, Roger, et de ses enfants (3). Roger est, selon toute apparence, le fils de Gérald et le frère d'autre Gérald et de Gui dont

---

(1) Consulter la très remarquable *Histoire de Guillaume IX, duc d'Aquitaine*, par M. Palustre, publiée dans les *Mémoires de la Société des Antiquaires de l'Ouest*.

(2) Voir une note d'Auguste Bosvieux à la page 3 du texte de la *Vie de saint Geoffroi du Chalard* (Guéret, Dugenest), 1858.

(3) *Dominam quandam de Laront, scilicet Viernam, que vulgariter vocabatur Comtorissa... assensu et voluntate domini sui, Rotgerii de Larunt et filiorum*, etc. (Cartul. d'Aureil, fol. 65 recto et 74).

nous avons parlé plus haut et que nous avons vu transiger en 1121 avec les religieux de Saint-Martin de Tulle. Quant à Vierne, qui donne un mas à saint Gaucher, et stipule que ce mas, sis sur le territoire de Roziers, sera appelé de son nom : *Mas de la Comtoresse* (1), on la voit prendre plus tard le voile à Bost-las-Monjas, couvent de femmes placé sous la direction du prieur d'Aureil, et elle meurt dans ce monastère.

Nous n'osons pas identifier avec Gérald IV, frère de Roger III, le Gérald de Laron qui vit au temps de saint Gaucher et fonde, durant sa dernière maladie, un anniversaire à Aureil, où il entend que son corps repose en attendant le réveil suprême. La célébration de cet anniversaire doit être accompagnée d'un repas donné aux chanoines. L'identification proposée semble toutefois assez admissible. Quoi qu'il en soit, le fils du testateur, lequel porte aussi le nom de Gérald, n'étant pas en mesure d'exécuter les volontés de son père, ou trouvant peut-être le prix de l'anniversaire et du repas trop élevé, entre en composition avec le chapitre, et sous le second prieur, Guillaume, fait une fondation pour le luminaire de l'autel de Saint-Michel à Châteauneuf (2).

Un texte du Cartulaire d'Uzerche nous fait connaître l'existence de Jourdain de Laron, chevalier, qui, à la date du 31 août 1122, est témoin à la confirmation des lettres données au monastère par Arnaud, archevêque de Bordeaux (3). Ce Jourdain pourrait être le même que celui nommé en 1159 et 1166 au Cartulaire d'Aureil (4).

Parmi les mentions, peu nombreuses du reste, de seigneurs du diocèse de Limoges qu'on trouve aux chartes des monastères poitevins, nous en avons noté une relative à Guillaume de Laron, témoin à une donation reçue en 1112 par l'abbaye de Saint-Cyprien de Poitiers (5).

Nous ne connaissons pas d'autre document où se trouve nommé ce personnage.

ROGER IV ET ALMODIS. ROGER V, LEUR FILS. ITIER, ROGER VI LE BAILE ET HUGUES, FILS DE CE DERNIER. — Un texte du cartulaire du prieuré de Bénévent nous montre la famille de Laron possessionnée, dès les premières années du xiie siècle, dans la Haute-Marche où elle avait

---

(1) *Dedisse mansum unum a Rosier... quem mansum a vulgari nomine suo voluit appellari Mansus Contorisse* (fol. 74).

(2) *Geraldus de Larunts*, fol. 28 recto, 33 r°, 40 v°.

(3) *Jordano de Leron, milite* (*Bull. de Tulle*, 1888, p. 104).

(4) *Audientibus... Jordano de Larunt.* . (fol. 53 r°, 81 r°).

(5) *Willelmus de Larund* (*Archives historiques du Poitou*, t. III, p. 306).

déjà des alliances, avec les Barmont notamment. Sous l'épiscopat d'Eustorge (1106-1137) et l'administration d'un prieur du nom de Géraud, qui ne peut être que Géraud I, remplacé avant 1130, c'est-à-dire dans le premier tiers du siècle, Roger, comtor de Laron, délivre à la communauté de Bénévent des cabanes — *casamenta* — vraisemblablement destinées aux colons des religieux : ces derniers ne doivent les acquérir qu'à certaines conditions. Almodis, femme de Roger, et Roger, leur fils, donnent leur consentement à cette cession (1).

On ne peut guère admettre que l'époux de Vierne et l'époux d'Almodis soient un seul et même personnage. Vierne, qui est nommée à une charte de 1101, aurait été la première femme de ce seigneur, la même qualité n'étant donnée à Almodis qu'au moins un quart de siècle plus tard. Or nous savons que Vierne a pris le voile dans l'asile ouvert aux vierges et aux veuves par le fondateur d'Aureil : elle doit donc avoir survécu à son mari. Il suit de là que l'époux d'Almodis est un autre Roger. Celui-ci n'a pas précédé sa femme au tombeau. Almodis est morte avant lui, a été enterrée à Aureil, et son mari a fait une fondation pour le repos de son âme (2).

Roger IV est sans doute le « R. de Leron » témoin à une charte souscrite à Peyrat, au temps de l'évêque Eustorge, en faveur de l'abbaye de Tulle (3) et le *Rotgerius de Larunt* nommé à une charte du comte Aldebert de la Marche, relative au prieuré de Blessac (4).

Le fils de Roger de Laron et d'Almodis se nommait Roger comme son père : on l'a vu mentionné auprès de celui-ci à la charte de Bénévent. Il faut l'identifier avec Roger-le-Jeune — *Rotgerius minor de Larunt* — plusieurs fois désigné au Cartulaire d'Aureil. Il avait épousé la fille de Hugues de La Tour — *de Turre* — (5) probablement un seigneur de la Tour Saint-Austrille. Nous trouvons Roger V, sous le priorat de Siméon, c'est-à-dire entre 1184 et 1196, abandonnant à la communauté de Bénévent les droits qu'elle réclamait sur les hommes de Vieilleville. A cette concession sont présents les trois

---

(1) *Rotgerius, comtor de Lerunt, dedit casamenta acquirenda in manu Eustorgii, episcopi Lemovicensis, et Geraudi prioris. Concesserunt idem uxor Almodis et Rotgerius, filius eorum, in manu Bertrandi de Sancto Eligio.* (Bibl. nat. Recueil Gaignières, t. CLXXXIII-CLXXXIV. p. 130).

(2) *Rogerius de Larunt, pro anima Almodis, uxoris sue, que ibi fuit sepulta* (Cart. d'Aureil, fol. 25 et 26).

(3) Bull. de Brive, année 1887, p. 139.

(4) *Cartulaire de Blessac*, aux Archives du dép. de la Creuse, n° 66.

(5) *Rogerius minor de Larunt, qui habebat filiam predicti Hugonis de Turre* (Cartul. d'Aureil, fol. 25, 26 v°).

fils du donateur : Itier, Roger surnommé *le Baile* et Hugues (1).
Nous voyons ailleurs le même personnage, de concert avec le seigneur de la Tour, son beau-père ou son beau-frère, terminer une affaire analogue avec le prieur Siméon. L'analyse d'une autre charte de la même époque nous révèle qu'Etienne Trancheserpent (2) réclamait certains droits, paraissant de même origine, du chef de sa femme Osiria : peut-être celle-ci appartenait-elle à la maison de Laron ; mais c'était plus probablement une sœur ou une tante de la femme de Roger. Ajoutons qu'une de ces chartes est datée de la Maison d'Epaigne, déjà occupée à cette époque par les *Bonshommes* de Grandmont. L'auteur de l'*Histoire des ordres religieux*, Helyot, s'est donc trompé en écrivant que ce petit monastère fut donné en 1221 seulement aux disciples de saint Etienne de Muret (3).

Le nom de Roger de Laron revient assez souvent dans les chartes de l'abbaye de Bonlieu, en Haute-Marche. Ces mentions appartiennent aux quinze dernières années du XIIᵉ siècle et se rapportent certainement à Roger V ou à son fils Roger VI *le baile*. L'une d'elles est datée de 1186 et a trait au don d'un pré que ce seigneur fait aux religieux ; il leur abandonne, en 1193, ses droits sur une borderie près de Jarnages, puis leur concède le parcours et le passage sur ses terres pour les animaux du couvent. On le trouve enfin témoin à des chartes de donation de 1196 et 1198 (4).

(1) *Rotgerius de Laront et filii ejus, Iterius, Rogerius lo Bailes, Ugo, solverunt quod quærebant in hominibus de Vela Villa, in manu Simeonis, prioris, in domo Hispaniæ Bonorum Hominum Grandimontis, audientibus Willelmo de Caern et Rainaldo La Chesa de Laron. Iterum eandem querelam soloit Rogerius de Laron et dominus de Turre, et aliarum rerum apud Rastoil, in manu prædicti prioris, audiente G. de Garact, archipresbitero. Item Stephanus Trenchaserp, qui quærebat los forchapchas* de Larondes, propter uxorem suam Osiriam, in manu Simeonis prioris, audientibus Ugone Vigers, canonico, Gosberto Trenchaserps, Vilano de Drulils* (Cartulaire de Bénévent, ap. Gaignières t. CLXXXIII-CLXXXIV, fol. 92 ..... *Rogerius de Laront dedit omnes forschapches de terra, quandiu in terra S. Bartholomæi manere voluerint, in manu Simeonis prioris* (Ibid.)

(2) Voir la note qui précède. *Trencheserp*. Ce nom nous est déjà connu ; nous avons signalé Jaubert Trancheserpent dans notre *Etude sur la commune de Saint-Léonard au XIIIᵉ siècle* (p. 164).

(3) Nous avons reproduit cette indication dans la notice sur la celle d'Epaigne qui figure à notre *Histoire de la destruction de l'ordre et de l'abbaye de Grandmont*, p. 850. Epaigne est aujourd'hui sur le territoire de la commune de Sauviat, canton de Saint-Léonard.

(4) *Cartulaire de Bonlieu* : copie d'Auguste Bosvieux, conservée aux Archives départementales de la Creuse, p. 169, 170, 171, etc.

(*) *Foriscapium, laudimium quod domino pro facultate alienandi feudi conceditur* (Du Cange).

Plusieurs documents du Cartulaire d'Aureil remontant à la même époque nomment Hugues de Laron. Ce seigneur fait, en 1190, une libéralité au monastère, et un de ses écuyers, Pierre de Saint-Priest, suit la même année son exemple. Notons que F. Ferrachat, chapelain ou curé de Laron, est témoin au premier de ces actes, et P. Major, curé de Peyrat, au second (1). Ce même Hugues, nommé soit seul, soit en compagnie d'un A. de Laron (Adémar?) que nous n'avons pas rencontré ailleurs, figure à plusieurs autres passages du même recueil (2). Peut-être doit-on l'identifier avec U. Laron, dont un document du Cartulaire de l'Artige donne seulement le nom (3) et dont un autre rappelle les démélés avec ce dernier monastère, lors de la remise, à celui-ci, du petit couvent de Fondadouze (4). On verra plus loin qu'une charte de 1229 mentionne Gui, fils de défunt Hugues de Laron.

Le Cartulaire d'Aureil nomme, à la date de 1159, Jourdain de Laron à titre de témoin (5). Nous n'avons trouvé aucun renseignement sur ce personnage.

ENFANTS DE ROGER VI : ROGER VII et GUI III. LEURS ENFANTS : ROGER VIII ET VIVIEN. GÉRALD VI ; GUI IV. — Roger VI vit en 1200, peut-être même en 1202, date à laquelle un personnage de ce nom figure comme témoin à une charte de Bonlieu (6). Un titre des archives de cette abbaye atteste qu'il n'est pas mort sans postérité. Sur l'extrême limite du XIIe et du XIIIe siècle, il donne en aumône à la communauté deux mas avec leurs dépendances ; ses deux fils, Roger et Gui, interviennent à l'acte pour confirmer cette libéralité (7). Peut être agissent-ils au défaut de leur mère et les biens qui font l'objet de la donation proviennent-ils de celle-ci. Nous ne connaissons pas le nom de l'épouse de Roger VI ; mais nous savons, par une autre

(1) *Cartul. d'Aureil*, f. 73. Plusieurs autres ecclésiastiques de Peyrat sont nommés à ce recueil : Gui de Grandmont et Guillaume de Goret, prieurs ; G. de Chauchat, curé vers 1220, etc.
(2) Fol. 36 v°, 73 v°, etc.
(3) Arch. de la Haute-Vienne, série D, n° 982, fol. 14 v°.
(4) *Ibid.* fol. 1 v°.
(5) Fol. 81 r°.
(6) *R. de Lerunt*, p. 176.
(7) *Ego, Rotgerius de Lerunt, et ego, Rotgerius, filius ejus, pro nostra nostrorumque salute, donamus et concedimus Deo et Beatæ Mariæ et fratribus Boni Loci, in elemosina, duos mansos cum pertinentiis eorum, quorum unus est ad Grossum Montem, et alius ad Melcam... Ego, Guido, illius predicti Rotgerii de Lerun, hæc omnia dona patris mei et predicti ratris mei Rotgerii dono et concedo*, etc. (*Curtul. de Bonlieu*, p. 174.)

3

charte de Bonlieu, qu'elle avait une sœur du nom de Béatrix, mariée à Guillaume *Airaldi*, de Tulle (1).

Gui de Laron, que nous venons de rencontrer dans la Marche, est probablement celui dont on relève le nom à un acte de 1200, du Cartulaire d'Aureil (2), et qui est désigné, vers la même époque, à celui de L'Artige par une simple initiale (3). Ce Gui est peut-être celui qu'une charte des Archives de la Haute-Vienne nomme en 1238 avec sa femme Marie et son fils Roger (4). Toutefois il existe, dans le second quart du xiii° siècle, deux Gui de Laron : l'un fils de Gui et l'autre fils de Hugues. Ce dernier est caution à un acte de 1229 (5).

Nous avons déjà compté sept Roger de Laron et nous en avons sans doute omis. En voici un qui pourrait bien n'être aucun de ceux dont nous avons parlé jusqu'ici : ce Roger vit en 1200; il a un frère du nom de Vivien, qui pourrait être le U. ou V. Leron du Cartulaire de L'Artige signalé plus haut. — Nous relevons les noms de Roger, Vivien et Gérald de Laron à un curieux acte en latin mêlé de langue vulgaire, publié par MM. A. Leroux, E. Molinier et A. Thomas, dans le premier volume de leurs *Documents Historiques* et d'une date assez rapprochée de 1200 (6).

Roger VIII et Vivien sont fils d'un Roger, Roger VII sans doute. Ce dernier est nommé avec Vivien à une charte par laquelle ils cèdent conjointement aux frères du monastère de Bonlieu leurs droits sur une des *granges* de ces vaillants défricheurs et la dîme d'une terre dépendant de l'église de Jarnages (7).

(1) *Cartul. de Bonlieu*, p. 175.
(2) Fol. 80 v°.
(3) *G. de Laront*, fol. 6 v°.
(4) Archives de la Haute-Vienne, D 1023.
(5) *Nobilis vir Guido Lerons, filius Hugonis Leron, deffuncti.* Arch. Haute-Vienne, D 840.
(6) *De Rotger de Larunt e d'en Vioia, frater ejus... Gir ıu Laront...* p. 149.
(7) *Notum sit omnibus hominibus... quod ego, Rotgerius de Leront, dono et concedo, bona fide et sine fraude, Deo et Beatæ Mariæ et fratribus Boni Loci, in elemosina, quicquid tenent, habent et possident in grangia de Grosmont, de jure hereditario meo, et decimam terræ de Pontis, quam habent ad censum et possident de ecclesia de Jarnaja. Et ego, Juzianus* (il faut évidemment lire *Vivianus*) *de Leron, filius prædicti Rotgerii, hoc idem donum dono jamdictis fratribus modo simili et concedo. Factum est hoc anno ab incarnatione Domini M° CC°, sexto nonas maii, in manu B. abbatis, in platea juxta domum Prioris de La Tor. Testes sunt B. Roboant; frater Petrus de Burgo Novo, magister de Grosmont, Petrus de Veshens; J. de Mainac, monachus de Dols; A. Conseillat, serviens ejus, Rotgerius de Sala.*

Il ne serait pas impossible que Vivien et Gui (*Wido, Vido*), fussent un même personnage. Dans ce cas il faudrait supprimer une génération de notre échelle familiale et identifier Roger VII et Roger VIII. Nous attribuerions, s'il en était ainsi, le n° 8 à Roger de Laron, prêtre, qui vivait entre 1200 et 1205 (1).

VI

Les derniers Laron.

Roger IX, Roger X et Gui V. — Gui IV a pour fils un Roger encore. Tous deux sont nommés en 1238 (2) et ce sont eux ou peut-être Gui et un de ses neveux « seigneur Gui et Roger, écuyer » qu'on trouve mentionnés en 1244 au nombre des vassaux devant l'hommage à Alphonse, comte de Poitiers (3). Le Roger de Laron qui vit en 1244, est probablement le mari de Jordane, fille de Raymond La Chèze, qui teste en 1257 (4).

On trouve peu d'années après un Roger de Laron marié avec Ahélis, fille de Gaucelin de Châteauneuf et sœur d'un autre Gaucelin (5). Les indications fournies à ce sujet par le *Nobiliaire* sont confirmées par une charte de l'Artige qui porte la date de 1266 (6). Le mari d'Ahélis est dit à cet époque « chevalier et seigneur en partie de Laron. » Jordane, femme de Roger, ayant dû faire son testament peu de temps avant sa mort, il n'y a aucune raison de croire que son mari ne soit pas devenu l'époux d'Ahélis : on se remariait aisément au moyen âge. Toutefois, comme il existe précisément, en 1260, deux Roger de Laron qui tiennent le château de ce nom et le fief pour lequel l'hommage a été seize ans plus tôt réclamé par le comte de Poitiers, il est fort possible que le mari de Jordane ait très pieusement gardé le souvenir de sa femme et qu'Ahélis ait été l'épouse de l'autre Roger, dixième du nom, au moins.

(1) *Testes : Rotgerius de Leront, presbiter* (Cartul. de Bonlieu, p. 172).
(2) Arch. de la Haute-Vienne, D 1023.
(3) Nous allons revenir plus bas sur ce point.
(4) *Nobiliaire de la généralité de Limoges*, t. III, p. 36.
(5) *Ibid.*
(6) *Nobilis vir Rotgerius de Leron, miles, dominus in parte de Leron, et domina Ahelis, uxor ejus et soror nobilis viri domini de Castro novo, dederunt*, etc.

Nous savons peu de chose de ces deux Roger. Le mari d'Ahélis, quel qu'il soit, compte parmi les bienfaiteurs de L'Artige et du petit prieuré du Mont Laron (1). A celui-ci ou à son homonyme se rapportent la mention (1257) d'une libéralité au profit de l'abbaye de femmes des Allois, près Limoges (2) et un document fort intéressant, publié par M. Louis Duval dans ses *Chartes communales et Franchises locales du département de la Creuse* (3).

On a déjà vu que la famille de Laron avait, dès la première moitié du XIIe siècle, d'importantes possessions dans la Haute-Marche. Roger IV et Roger V ont des terres ou des redevances du côté de Vieilleville, Bénévent, Jarnages, La Tour Saint-Austrille. Roger X porte, au siècle suivant, le titre de seigneur d'Ajain. Ce dernier se concerte avec le comte de la Marche, pour la fondation d'une de ces franchises dont les seigneurs féodaux tiraient parfois de fort beaux profits. Le 14 décembre 1266, il déclare consentir à l'établissement, à Rimondeix et à Saint-Arey, sur ses terres, d'une ville franche qui jouira des coutumes et libertés de Saint-Pierre-le-Moutier, dont la charte était alors fort en faveur. Le comte de la Marche instituera cette commune et lui concèdera la charte qui règlera les droits et les devoirs de ses habitants. Le haut seigneur percevra la totalité de la taille aux quatre cas et la moitié des autres redevances. Roger se contentera de l'autre moitié de ces dernières. Si la fondation projetée n'a pas lieu ou ne réussit pas, la terre reviendra au seigneur d'Ajain, sauf les droits de juridiction du comte. Roger a soin de stipuler que ses hommes et ceux de son neveu, Pierre de Lopchiac, ne seront admis dans la franchise que de son consentement et de celui de Pierre.

Des deux maîtres de Laron nommés en 1266, l'un vit encore en 1270 (4) : le mari d'Ahélis de Châteauneuf ; mais un document du mois de mai 1279, le note comme ayant à cette date terminé sa carrière, peut-être depuis quelques années déjà. Sa veuve est nommée en 1279, 1281, 1283, 1291. Elle donne ou confirme à L'Artige ses droits sur les mas Papalou et du Cheyrou, dans la paroisse de Saint-Denis-des-Murs (5). A l'autre Roger, qui a dis-

---

(1) La liasse 1177 du fonds du Collège de Limoges, aux archives de la Haute-Vienne, conserve l'original d'une charte de donation émanant de ce Roger. Il est appelé à plusieurs actes : *dominus in parte Castri de Leron*.

(2) Bibliothèque nationale, man. lat. 12746, p. 620.

(3) Textes, pages 30, 31, 32 : d'après le *Cartulaire des comtes de la Marche*.

(4) Arch. de la Haute-Vienne, D 1089.

(5) Archives Haute-Vienne, D 1064, D 1066, etc.

paru beaucoup plus tôt, a sans doute succédé Gui, qualifié, dès le mois de juillet 1273, de « chevalier et seigneur de Laron ». (1) Gui possède des droits sur le territoire des paroisses de Nedde, Rempnat, Saint-Amant-le-Petit. Sa veuve, Agnès, et son fils Gui — Gui VI — sont nommés à des documents de 1307 et 1309.

La série des Roger n'est pas close. Roger XI, damoiseau, fils de Roger, vit en 1286, 1296, 1297, 1298, 1302, 1312. Il est dit, à ces diverses dates, seigneur en partie du château de Laron (2). C'est à lui, peut-être, que se réfère une note du *Nobiliaire* mentionnant la sépulture, aux Frères Prêcheurs de Limoges, d'un seigneur de ce nom, décédé avant 1328 (3).

Il convient sans doute de rattacher à cette famille un personnage du nom de Raoul de Leuron, qui, en 1235, après la mort de l'évêque Gui du Cluzeau, remplit, à Saint-Léonard, et probablement aussi dans la Cité de Limoges et dans d'autres possessions du siège épiscopal, les fonctions de garde des Régales (4).

A partir des premières années du quatorzième siècle, nous ne rencontrons plus que de rares mentions de membres de la famille de Laron : celle-ci n'a pourtant pas quitté le pays et elle fournit quelques chanoines aux chapitres de Saint-Léonard et d'Eymoutiers. Mais il n'est pas question d'elle dans les chroniques : elle n'appartient plus à l'histoire. Aux documents d'archives seuls on trouve son nom de loin en loin. C'est ainsi qu'il est parlé, en 1328, de Bernard Roger de Laron, damoiseau, marié à Isabelle de la Roche (5) ; en 1329, de Mauret (Maureil ?) de Laron, damoiseau, oncle de Louis *Poteti Ayraudi*, de Chénérailles (6) ; en 1336, de Comptor de Laron, femme de Jean de la Roche, chevalier, lequel possède, du chef de celle-ci, plusieurs mas dans la paroisse d'Ajain : il les échange, avec l'évêque Roger le Fort, contre des rentes assises sur des fonds

---

(1) *Guido de Laront, miles, dominus de Laront* (Arch. de la Haute-Vienne, D 1039.

(2) *Rotgerius, dominus in parte de Leront... Rotgerius, dominus in parte castri et castellanie de Leront* (Arch départem. de la Haute-Vienne, fonds de Solignac, liasse 7266, et du Collège, 1023, 1041, 1090 et 1124).

(3) *Nobiliaire de la généralité de Limoges*, t. III, p. 36.

(4) V. notre étude sur *La Commune de Saint-Léonard au XIIIe siècle*, p. 125.

(5) Registres des hommages de l'Évêché, aux Arch. de la Haute-Vienne.

(6) On a vu plus haut que Béatrix, belle-sœur de Roger VI, avait été mariée à Guillaume *Airaldi*.

situés à Eymoutiers (1). En 1323, le *Nobiliaire* nomme, d'après Simplicien, Marguerite de Laron, femme de Jean Le Groing, seigneur de Villebouche. Isabelle des Moulins, dame de Laron, et Jean, son fils, sont nommés à un acte de 1441 (2).

Nous connaissons encore Gouffier de Laron, capitaine de Chalucet pour le seigneur d'Albret en 1443 et 1452 (3) ; Marguerite de « Lairon », sœur du commandeur de La Vaufranche, mariée vers le milieu du xv° siècle avec Franconin de Ligondez (4) ; Jean de « Leron », écuyer, qui porte encore, à la date du 27 janvier 1471, vieux style (1472), le titre de seigneur d'Ajain (5). A la même époque, parmi les nobles de la Marche compris au rôle d'une montre générale, se présente « François Leron, pour et au nom du seigneur deu Jaing (*sic*), son père, vieulx et ancien ». François est monté, « armé d'arnois blanc, accompaigné de deux hommes d'armes, l'ung en brigandine et l'autre coustellier » (6). La suite est assez modeste. — A la même revue figure, parmi les gentilshommes du Limousin convoqués à Saint-Léonard, un certain « Guillaume Beron, seigneur dudit lieu » que nous soupçonnons fort d'être un sire de Laron. Celui-ci a un état plus digne de l'antique puissance de sa race que le précédent : il est inscrit comme « homme d'armes à quatre chevaux et un brigandinier ».

Ce Guillaume aurait été, dit-on, le dernier de sa famille et en lui se serait éteinte la lignée des anciens chevaliers de Laron. La vieille race aurait même, d'après le *Nobiliaire*, disparu dès le milieu du xv° siècle (7). Nous avons lieu de penser qu'au siècle suivant, seulement, elle cessa d'exister. En ce qui concerne Guillaume de Laron, peut-être fut-il le dernier de sa branche ; mais de son testament même,

(1) Charte du prieuré des Ternes, citée par M. Aug. Bosvieux (Archives de la Haute-Vienne, fonds Bosvieux, L 56.
(2) Arch. Haute-Vienne, D 1024.
(3) Ce personnage avait acquis, sous réserve de réméré, le château de Chalucet, de la famille de Bretagne. Il refusa de le rendre, mais fut débouté de ses prétentions par Charles VII (Manuscrit français 18757 de la Bibliothèque nationale, fol. 189 ; Archives des Basses-Pyrénées, E 715 et E 716 ; Arch. de la Haute-Vienne, Chapitre cathédral, liasse 3025).
(4) Arch. de la Haute-Vienne, fonds Bosvieux, L 57.
(5) *Ibid.* L 56.
(6) Montre du mois de janvier 1471, publiée par M. Clément Simon, dans le *Bulletin de la Société scientifique et historique de Brive*, t. XI, p. 261 et suivantes.
(7) *Nobiliaire*, t. III, p. 461.

conservé aux Archives de la Haute-Vienne (1), il résulte que, s'il n'avait pas d'enfant mâle à la date du 22° avril 1490, jour où il dicta ses dernières volontés au notaire Bordas, et si vraisemblablement il n'en a point laissé, il existait à cette époque, dans le pays même, un autre représentant au moins de la vieille souche féodale : Léonard de Laron, à qui Guillaume légua tous les cens, rentes et devoirs qu'il possédait au bois de Ribagnac, paroisse de Saint-Martin-Terressus, et à Champety, paroisse de Saint-Julien près Laron. Ce testament nous apprend que Guillaume était né à Saint-Léonard, sur la paroisse de Saint-Etienne ; qu'il avait eu au moins deux frères : Antoine, le père de Léonard, et « maître Jean », décédés avant la date de l'acte, et qu'il lui restait une sœur, Catherine, veuve à cette époque, de noble Renaud Cotet, damoiseau, seigneur de la Penchenerie. C'est cette sœur, fait à noter, que le testateur nomme son héritière universelle, au cas où sa propre femme, Bénédicte de Pompadour, enceinte au jour du testament — Guillaume n'est donc pas d'un âge très avancé — ne lui donnerait pas d'autre enfant. Il a cependant deux filles : Françoise, née de Jeanne Artigole, de Laron, et Léonarde, probablement du même lit, mariée à Martial de Pendac. Cette dernière recevra un legs de trente livres, outre la dot qui lui a été comptée. Quant à Françoise, il lui sera délivré, au jour de son mariage, une somme de cent livres, un lit garni et un trousseau convenable. Jusque-là les héritiers lui devront le logement, le vêtement et la nourriture. — Le testateur est seigneur, non seulement de Laron, mais de Peyramont, paroisse de Sauviat, et de la Cheyraudie, paroisse de Saint-Laurent-les-Eglises ; il possède aussi la « juridiction du Dognon », nous ne savons à quel titre. Il a abandonné le vieux castel de sa famille, qui est, tout nous porte à le croire, tombé en ruines dès cette époque, et il habite son repaire de Peyramont. On voit, par un passage du document que nous analysons, que la sépulture des seigneurs de Laron, des parents tout au moins du testateur, se trouvait dans l'église paroissiale de Saint-Martin-de-Champmain, hors des murs de Saint-Léonard, et que la famille avait fondé plusieurs vicairies dans cette église; pour le service de ces vicairies, Guillaume lègue à l'église un marc et demi d'argent, dont on fera fabriquer un calice avec sa patène. L'acte renferme divers autres legs pieux, parmi lesquels il convient de donner une mention particulière à celui en faveur du curé d'Auriac, auquel Guillaume abandonne toutes les dîmes que lui et ses auteurs ont de tout temps perçues dans l'étendue de la paroisse. Il est à remarquer

(1) Série D, liasse 846.

que le testament est muet sur l'église ou chapelle de Laron; on peut en conclure qu'elle n'existait plus dès cette époque (1).

La femme de Guillaume lui survécut de longues années. A un inventaire du château de Pompadour sous la date du 25 juin 1522,

(1) ... Nobilis et potens vir dominus Guillelmus de Laronte, miles, dominus dicti loci de Laronte, de Petramonte et de Cheyraudia, Lemovicensis diœcesis, sanus mente sua et bene compos ejusdem, in suo firmo et stabili proposito existens, tamen languens corpore, suum fecit, condidit et ordinavit testamentum, etc. — In nomine sancte et individue Trinitatis, Patris, Filii et Spiritus sancti, Amen. Ad honorem et laudem Dei omnipotentis et beatissime et gloriosissime virginis Marie, ejus genitricis, beatorum Martialis apostoli, Leonardi et Antonii confessorum, ac beate Catharine virginis et martyris(*)... Ego, Guillelmus de Laronte, miles, dominus predictorum locorum de Laronte, de Petramonte et de Cheyraudia, habitator predicti repayrii mei de Petramonte, parrochie de Salviaco, predicte Lemovicensis diœcesis, sanus, per Dei gratiam, mente, licet eger corpore, et in mea bona memoria et mentis disposicione ac sano proposito existens, timens et salubri meditatione perpendens gladium inevitabilis mortis acutum ex insperato subito irruentem, qui nulli parcit nec eciam miseretur, et quod presentis vite conditio statum habet instabilem, ut ea que verisimiliter permanendi habent essentiam, invisibiliter tendunt ad non esse — attendens et considerans insuper quod breves dies hominis super terram sunt, quorum numerus apud Deum retinetur, et quod nihil est certius morte, nihil vero incertius ejus hora; volens propter hec diem mee extreme peregrinationis dispositione testamentaria sic provide prevenire, ne mens afflicta languoribus et mortis cogitatione turbata minus salubriter complere valeat quod intendit : Igitur... testamentum meum ultimum.... Christi nomine penitus invocato... facio, condo, etc , etc... Corpus vero seu cadaver meum, dum ex eo anima mea fuerit egressa, volo sepeliri... in tumulis meis et parentum meorum existentibus infra ecclesiam Beati Martini de Campo Magno, prope et extra muros ville sancti Leonardi... Accipio pro funerariis meis fiendis, diebus obitus, crastine, septene et annualis, meorum, ducentum libras monete currentis... Attentis et consideratis divinis officiis et aliis bonis que fiunt, dicuntur et celebrantur per dominos priorem et conventum monasterii seu prioratus conventualis Beati Leonardi de Nobiliaco, ad finem ut sim consors et particeps in eisdem et recipi valeam in canonicum seu confratrem secularem et habeant ponere corpus meum subtus chorum dicti eorum monasterii (**), do et lego et per modum legati relinquo dictis domino priori et conventui dicti Sancti Leonardi fundationem duorum anniversariorum per ipsos sollemniter celebrandorum in dicto monasterio pro anima mea et animabus quondam nobilium Anthonii

(*) On remarquera que le testateur invoque la patronne de sa sœur et le patron d'un de ses frères.

(**) Il s'agit d'une absoute donnée au-devant du chœur, et non de la sépulture. On a vu que le testateur voulait être enterré dans l'église de Champmain.

il est fait mention d'elle. Elle est dénommée « Benoite de Pompadour, dame douairière de Peyremont en la Marche » (1).

On a vu que Guillaume de Laron était né à Saint-Léonard. Sa famille, dont on connaît les très anciens rapports avec cette ville, y possédait un hôtel au moyen âge. Un document de 1426 mentionne,

et magistri Johannis de Laronte, fratrum meorum germanorum, singulis annis... videlicet viginti quinque libras... Do et lego capellano Sancti Stephani dicte ville Sancti Leonardi, cujus parrochianus fui et originem in dicta villa sumpsi, pro emendatione luminariorum... decem solidos monete currentis semel solvendos... Item, priori seu rectori ecclesie de Salviaco... quinque solidos annis singulis renduales... Item, priori seu rectori ecclesie parrochialis de Auriaco... omnem et totam decimam quorum cumque fructuum decimalium quos ego levo et percipio ac levari et percipi consuevi tam per me quam per predecessores meos in tota parrochia predicta... Do et lego et per modum legati relinquo ad opus vicariarum per predecessores meos fundatarum in dicta parrochiali ecclesia de Campo Magno, pro servitio dictarum vicariarum, unam marcham cum dimidio argenti, ad faciendum et pro faciendo unum calicem cum patena... Insuper recognosco et in veritate confiteor ego testator predictus me habuisse et recepisse bene et legitime realiterque et de facto, ex dote mihi cum nobili domina Benedicta de Pompadorio, carissima uxore mea data, promissa et constituta, mille libras monete nunc currentis, quas volo, jubeo et ordino sibi solvi... Per modum legati relinquo eidem nobili uxori mee... sexaginta libras renduales ad usum et consuetudinem patrie Marchie (*)... Instituo et ordino ego testator predictus jamdictam uxorem meam dominam, rectricem, gubernatricem et administratricem ac usufructuariam omnium bonorum meorum tam mobilium quam immobilium, quandiu stabit in statu viduali... Nec non etiam volo et ordino quod habeat exercitium et possit et valeat tenere in manibus suis, quamdiu stabit in predicta viduitate, omnimodam jurisdictionem castri et castellanie mee de Laronte, et eciam totam jurisdictionem quam habeo in reppayrio meo de Petramonte et in omnimoda jurisdictione de Dompnhonio, una cum deffectibus, emendis et aliis juribus et deveriis ex predictis jurisdictionibus meis provenientibus, alienatione tamen omnium et singulorum bonorum meorum... remota... Relinquo prelibate uxori mee omnes et singulos rotulos curiarum mearum de Laronte et de Petramonte, cum hoc tamen, quod volo, jubeo et ordino quod predicta uxor mea debeat et teneatur solvere et reddere salaria debita servitoribus et ancillis meis... Item, cum dicta uxor mea, ut asserit, sit pregnans et gravida, volo, jubeo et ordino quod, si sint postumus vel postumi, quod sint heres vel heredes mei universales, et si sint postumus et postuma, quod dicta postuma dotetur secundum facultatem domus mee

(1) Document publié par M. l'abbé Poulbrière (*Bulletin de la Société de Tulle*, année 1893, p. 334).

(*) Peyramont était situé en terre marchoise.

dans le quartier du Marché, l'habitation de la dame de Laron (1).
Au XVIIe siècle, on voit encore des terres de la banlieue, et même
des fonds de la ville payer aux successeurs des Roger des redevances en froment et en seigle. Ajoutons qu'on donne toujours le

et decentiam personarum in et de bonis et rebus meis; et ulterius, si non sint nisi postuma vel postume, quod sint heres vel heredes mee universales... et... eisdem provideo de tutoribus... de nobilibus et potentibus viris domino Johanne de Pompadorio, milite, domino dicti loci, et Francisco Cotet, domino de la Penchenaria, nepote meo, et eorum quolibet... Item u..erius, do et lego, et jure institutionis relinquo Francisce, filie mee naturali et Johanne Artigole de Laronte, pro ipsam maritando, et pro omni parte et portione et alio jure seu deverio... centum libras monete nunc currentis, semel solvendas... et quod induatur honorifice, una cum lecto garnito, culcitra, pulvinari plume, duobus linteaminibus et mappa bonis et competentibus; et casu quo non maritabitur, quod predicta dos ad heredem seu heredes meos revertatur: et insuper volo et ordino quod predicta filia mea habeat mansionem, victum et vestitum in et super bonis et rebus meis quibuscumque, quandiu stabit ad maritandum.... Item do et lego Leonarde de Laronte, filie mee naturali, uxori Martialis de Pendac, ultra alia bona per me sibi cum dicto Martiale in dotem et dotis nomine data et persoluta... videlicet triginta libras monete nunc currentis, semel solvendas... Insuper do et lego... Leonardo de Laronte, filio naturali dicti quondam Anthonii de Laronte, fratris mei, omnes et singulos census, redditus bladorum, argenti et gallinarum, et alia jura et deveria quecumque mihi debita et debitura per homines loci mei deu Bost de Ribanhac, parrochie Sancti Martini Terresudoris, et etiam per homines loci mei de Champeyti, parrochie sancti Juliani prope Larontem : jurisdictione dictorum locorum et ædibus meis subscriptis salvis et reservatis duntaxat super eisdem locis, durante cursu vite ipsius Leonardi duntaxat; nec non et quandam domum in qua moratur dominus Petrus de Ladraco, cum orto antiquo eidem domo contiguo, sito in burgo Sancti Juliani prope Larontem, cum suis pertinentiis quibuscumque, quam sibi in perpetuum do et lego, reservatis duodecim denariis anno quolibet censualibus seu rendualibus heredibus meis persolvendis, cum dominio fundali et accaptamento duorum denariorum; necnon unum lectum munitum culcitra, pulvinari plume, et linteaminibus, aut victum et vestitum honorabiles in et super bonis et rebus meis, si super eisdem residentiam facere voluerit; et si noluerit victum et vestitum nec residentiam facere super bonis meis, volo et ordino quod res supradicte, sibi per me donate, eidem Leonardo remaneant quamdiu vitam duxerit in humanis. Item, do et lego in puram eleemosinam et intuitu pietatis et misericordie, hominibus meis et etiam renduariis meis quibuscumque post obitum meum et ad finem ut teneantur et debeant Deum deprecari pro salute anime mee et anime parentum meorum deffunctorum, omnia et singula arreyragia quorumcumque censuum et

(1) *De dicta rua de Inter Estatgias ad hospicium domine de Larunte.* (Arch. Haute-Vienne, Chapitres, liasses diverses).

nom de « prés Laron » à des prairies situées à peu de distance des faubourgs.

Les Laron portaient de..... à une escarboucle à six rais pommetés de.....

Léonard de Laron suivit-il de près son oncle Guillaume dans la tombe? nous l'ignorons. Peut-être était-il clerc, chanoine ou religieux : ce qui expliquerait pourquoi le testateur de 1490 ne lui avait pas fait une part plus large dans sa succession. L'héritière universelle du seigneur de Laron et de Peyramont, Catherine, paraît être morte peu de temps après ce dernier : son fils, François Cotet, seigneur de la Penchenerie, avait recueilli son héritage en 1505 et probablement dès avant cette date. François n'eut qu'une fille, Françoise, qui épousa Jean Narbonne, et apporta à son mari, avec la baronnie de Laron, les seigneuries de la Penchenerie et des

reddituum bladorum, argenti et gallinarum que mihi debentur de toto tempore... In residuis vero bonis et rebus meis mobilibus et immobilibus, presentibus et futuris quibuscumque, facio, instituo et ordino, ac ore meo proprio nomino heredem seu heredes meos universales solum et in solidum, predictum postumum seu postumos, aut posthumam seu posthumas : casu quo non extarent,... heredem meam universalem sibi substituo, facio, nomino, instituoque et ordino nobilem mulierem Catharinam de Laronte, domicellam, charissimam sororem meam germanam, relictam quondam nobilis viri Reginaldi Cotet, domicelli, domini, tempore quo vivebat, de la Penchanaria, et ipsa migrata ab hoc seculo, heredem mihi et sibi substituo... nobilem virum Franciscum Cotet, nepotem meum, filium predicte nobilis Catherine, sororis mee, et predicti deffuncti; et casu quo predictus nobilis Franciscus, nepos meus, decederet ab humanis, nullis relictis liberis... heredem universalem... facio nobilem virum Poncetum Cotet, domicellum, nepotem meum, fratremque germanum dicti Francisci; et casu quo praedictus Franciscus Cotet decederet ab hoc seculo, nullis relictis libero seu liberis, volo... quod filie dictorum quondam Reginaldi Cotet et predicte Catharine de Laronte, sororis mee... eidem Ponceto Cotet succedant et heredes mihi et sibi substituo... Præterea eleemosinariam et executricem meam et mei presentis ultimi testamenti... facio, instituo, ordino dictam nobilem Catharinam de Laronte... Datum et actum in dicto reppayrio de Petramonte, videlicet ante capellam seu vicariam ejusdem... Presentibus... dilecto in Christo domino Joanne de Barbaro, presbitero parrochie predicte Sancti Juliani ; Joanne Bachelier, alias Jean Darconseys; Gaufrido seu Gaulferio Darconseys ; Simone, fratre dicti Golferii ; Francisco, dicti loci (sic); Petro Darconseys juniore; Michaele de Lage ; Joanne dicti loci de Lage, et Leonardo Vray, parrochie predicte de Salviaco habitatoribus, die sabathi, vicesima secunda mensis aprilis, anno Domini millesimo quadringintesimo nonagesimo (D 846).

Biards, près Saint-Yrieix. Des trois filles issues de ce mariage, l'aînée, Catherine, fut mariée à Jacques-Mathieu d'Espaigne. Le contrat est du 3 juin 1539 (1). Ce fut ainsi que la famille d'Espaigne acquit la châtellenie de Laron, qu'elle ne devait pas longtemps garder. Catherine survécut à son mari et peut-être vendit elle cette seigneurie à Pierre du Repaire, car en 1602, c'est la nièce de Pierre du Repaire « baron de Laron », damoiselle Gabrielle Trompoudon, femme de Dessé d'Aubusson, qui la possède. Dessé d'Aubusson était seigneur d'Auriac et de Saint-Junien-la-Brégère; il ne paraît pas avoir, plus que ses prédécesseurs, habité le manoir ruiné des bords de la Maude. En juillet 1613, il résidait à Bourganeuf (2). Un Dessé d'Aubusson, qui pourrait être lui ou son fils — celui-ci portait en effet le même nom, — embrassa le protestantisme à Rochechouart à la suite de plusieurs conférences avec le célèbre ministre Daniel de Barthe (3). Catherine Trompoudon et son mari vivent encore en 1623 (4).

Peu après, la seigneurie de Laron passa aux de La Breuille. Le premier membre de cette famille qui l'a possédée paraît avoir été François, seigneur d'Anglard, mort avant 1648, marié à Gabrielle de Fontange. Son fils est le « baron de Laron » qui, le 25 avril 1653, tient sur les fonts baptismaux Marie de Gay de Nexon (5).

Au mois d'avril 1670, Françoise, fille unique de feu Léonet de La Breuille, chevalier, baron de Laron, et de Jeanne de Bosrédon, épousa Marc Antoine de la Belmondie, comte de Plaigne, vicomte d'Auberoche en Périgord (6). De cette famille sont issus les derniers seigneurs de Laron. Nous trouvons à un rôle de l'arrière ban de 1695, l'un d'eux désigné ainsi : « le seigneur de Vret et de Laron ». Il y est inscrit avec cette mention : « a servi l'année dernière » (7): A Marc Antoine, mort le 29 avril 1710, succéda son fils, Pierre-Annet, qu'un document de 1741 qualifie de baron de Laron et de Saint-Julien (8). Ce gentilhomme habitait à cet époque son château de Saint-Julien « en Limosin ». Jean-Léonard de La Belmondie est également appelé seigneur de Saint-Julien et de Laron à la liste

(1) Archives de la Vienne, C 83, et *Nobiliaire*, t. I, p. 447.
(2) Arch. Haute-Vienne, D 846.
(3) *Nobiliaire* I, p. 84.
(4) Arch. Haute-Vienne, D 1024, 1039, 1091.
(5) Livres domestiques de la famille de Gay de Nexon, au château de Nexon.
(6) *Nobiliaire* I, p. 170.
(7) *Bull. de la Soc. arch. et hist. du Limousin*, t. VIII, p. 34.
(8) Arch. Haute-Vienne, D 1091.

des gentilshommes qui assistèrent à l'Assemblée des trois ordres de la sénéchaussée de Limoges et Saint-Yrieix, en 1789.

La seigneurie de Peyramont, que nous avons vu plus haut possédée par Guillaume de Laron en 1490, était, dès le xvɪᵉ siècle, passée à une famille qui avait eu de très anciennes alliances avec la lignée des Roger, les du Léris ou du Leyris, originaires des environs de Royère. Ces alliances expliqueraient peut-être le nom de *Comtor* qu'on trouve dans cette famille, comme dans celle des Laron. Il est parlé, au *Nobiliaire* même, de « Comptor de Leyris » qui épousa en 1452 Jean de Lubersac (1).

Nous avons passé en revue toutes les mentions concernant les membres de la famille de Laron que nous aient fournies nos chroniques et nos documents d'archives. Si ces textes nous révèlent l'existence, le nom et souvent la filiation d'un assez grand nombre d'individus, ils nous apprennent, il faut en convenir, bien peu de faits intéressants sur leur compte. L'histoire des deux évêques du xɪᵉ siècle, seule, nous est un peu connue. Des seigneurs du château de Laron, de leur histoire intime, du rôle qu'ils ont joué dans la contrée, de leurs expéditions, de leurs exploits, de leurs revers, on ne sait à peu près rien. Une charte de l'abbaye de Tulle, dont la date se place entre 1060 et 1107, montre Gérard et Guillaume de Poissac (2) venant, sur le conseil de leur frère Archambaud, demander aux religieux de la communauté des prières pour le repos de l'âme de Geoffroi, leur frère aussi, « égorgé par le glaive des chevaliers du château de Laron » (3). Nous ignorons dans quelles circonstances s'est produit cet événement, dont on ne trouve pas d'autre mention. — Quelque quarante ou cinquante ans plus tard, un peu avant le milieu du xɪɪᵉ siècle, une notice non datée du Cartulaire d'Aureil parle de « la guerre de Laron » (4). S'agit-il d'une querelle de famille, d'un grave différend avec les seigneurs du voisinage, du siège et peut-être d'une première destruction du vieux fort ? On ne peut édifier que des hypothèses sur ce seul mot. Notons seulement qu'au commencement du xɪɪɪᵉ siècle, alors qu'au cours de la lutte entre les partisans du roi de France et ceux du roi d'Angleterre, duc

---

(1) *Nobiliaire*, t. III, p. 551.
(2) Nous adoptons la traduction de *Poenciacum* donnée par M. Champeval, éditeur du *Cartulaire de Tulle* ; mais elle ne nous semble pas tout à fait certaine.
(3) *Qui gladio jugulatus est a militibus Leronensis castri.* (*Cart. de Tulle*, ap. *Bulletin de Brive*, année 1888, p. 157.)
(4) *Guerram de Laront.*

d'Aquitaine, plusieurs des châteaux de la contrée sont assiégés, pris et repris, le nom de Laron n'est pas une seule fois prononcé dans nos chroniques.

D'après une légende, fort accréditée dans le pays, le château de Laron aurait été pris et détruit par les Anglais au cours de la guerre de Cent Ans ; ceux-ci s'en seraient emparés avec la connivence d'une servante. Cette trahison est le sujet de divers récits, qu'il faut renoncer à concilier les uns avec les autres, et dans lesquels l'imagination des gens de la contrée s'est donnée libre carrière.

Nous ne possédons aucune pièce fournissant des détails sur l'aspect, la structure, la distribution, du château de Laron. Quelques rares mentions, et c'est tout : la plus ancienne paraît antérieure à la fin du xie siècle. Elle est donnée par une notice du Cartulaire d'Aureil où il est parlé d'une libéralité faite à ce monastère, par Boson de La Chèze et son frère, « dans la tour de Laron », le jour même où Boson et un autre de ses frères, Raynaud, prirent le chemin de Jérusalem (1).

Le château de Laron avait sa chapelle, qu'il faut peut-être distinguer de l'église paroissiale dont nous avons déjà signalé plusieurs mentions. Cette dernière était dédiée à Saint-Pardoux et elle figure, à côté de celle de Saint-Julien, dans la liste des églises relevant de la collégiale d'Eymoutiers qui est insérée à une bulle d'Adrien IV, de 1154 (2). Le cartulaire de L'Artige nomme deux des prêtres qui ont desservi l'une de ces chapelles, Adémar (?) à un acte sans date, et P. Ferrachat, à une charte de 1192 (3).

Plusieurs textes établissent qu'il existait des relations et même des liens féodaux entre les seigneurs de Laron et plusieurs autres familles nobles du pays, les La Chèze, les du Leyris et les Gimel en particulier. On relève la trace d'alliances avec les deux premières. Quant aux Gimel, ils possèdent, par suite d'alliances aussi, peut-être, des droits à Laron même, et sont qualifiés, au xiiie siècle, de chevaliers du château (4). Guillaume Ferrachat porte aussi, dans une charte du mois d'avril 1229, le titre de « chevalier de Laron » (5).

---

(1) *Hoc donum factum est in turre de Larunt, eo die quo Boso et Rainaldus, frater ejus, moverunt in Jerusalem.*

(2) J. Dubois, *Documents sur Eymoutiers* (Bull. de la Soc. arch. et hist. du Limousin, t. XXXVI, p. 407.

(3) Arch. Haute-Vienne, D 982, fol. 73.

(4) *Quidam miles de Larunt, nomine Willelmus de Gemeu* (Cartulaire d'Aureil, fol. 2).

(5) *Willelmus Ferrachat, miles de Leron* (Arch. Haute-Vienne, D 846).

VII

L'apanage d'Alphonse de Poitiers et le diocèse de Limoges

Nous avons dit plus haut qu'en 1244, les deux co seigneurs du château de Laron figurent dans l'énumération des vassaux d'Alphonse de Poitiers, frère de Saint-Louis, et doivent à ce seigneur l'hommage pour leur fort. Ce renseignement nous est fourni par une pièce des plus intéressantes du précieux recueil publié sous le titre d'*Archives historiques du Poitou*. Voici les termes mêmes du document :

« Seigneur Gui de Laron, pour la moitié du château de Laron et de ses dépendances ; Roger de Laron, écuyer, pour l'autre moitié : tel que se comporte ce fort, situé dans le diocèse de Limoges » (1).

Un certain nombre de passages du même recueil font mention du fief d'une dame désignée sous le nom de *Comtor* ou *Contour*, dont les domaines sont séquestrés ou tout au moins administrés par les officiers d'Alphonse. Les receveurs du comte de Poitiers font figurer, aux recettes de leurs comptes de 1243, une somme de neuf livres, produit de la vente du blé et du vin de ces terres (2). En 1244, 1245, 46, 48, ils perçoivent cent sous pour « le tiers » — *pro tercio* — (3) d'un prix de ferme probablement, à moins qu'il ne s'agisse d'un droit de régie. En 1247, ces domaines ne sont pas affermés. Ils semblent être rattachés aux terres achetées ou saisies dans le bailliage de Saintonge (4) ; mais le fief des Laron est placé dans la même circonscription ou dans la même catégorie. Dans tous les cas on peut inférer d'une des plus anciennes mentions relatives à ce fief qu'il fait partie des « acquisitions » réalisées sur les terres du comte de la Marche (5). Enfin un passage, peu clair du reste, de ces comptes, parait réunir les terres de Contour et du seigneur de Laron dans

(1) *Sicut est castrum, in episcopatu Lemovicensi* (Arch. *historiques du Poitou*, t. IV, p. 64).

(1) *De feodo domine Cantor..., de blado, vino vendito*, IX libr. (Arch. hist. du Poitou, t. IV, p. 35).

(2) *De terra domine Comtor (Cantor, Contor)* C sol. *pro tercio* (Ibid. p. 82, 101, 136, etc.

(3) *Terre forefacte in terra vel bal[l]ivia Xantonis* (Ibid. 35, etc.)

(4) *Conquesta super domanium co[mit]is Marchie* (Ibid. p. 82).

une possession commune (1). Nous pensons, toutefois, qu'il n'y a pas lieu de rattacher cette dame à la famille, objet de notre étude, et qu'elle appartient à celle des Contor, seigneur d'Aubières (2). Nous retenons seulement ce fait : que, dès 1244, le fief de Laron relève du Comte de Poitiers. Il résulte de plusieurs pièces du Trésor des Chartes (3) que le château de Rochechouart et ses dépendances doivent également hommage au frère du Roi.

Il n'y a aucune raison de penser qu'à cette époque seulement, les seigneurs de Laron se trouvèrent placés dans la mouvance directe du comte de Poitiers. Nous croyons, pour notre part, que cet état de choses était dès lors ancien. On ne voit pas que ces chevaliers aient rendu hommage à aucun des grands personnages du pays. Leur château ne relève, ni de l'Evêque, ni du comte de la Marche, ni du vicomte de Limoges, ni d'aucun monastère ou chapitre de la contrée. Les Laron semblent avoir longtemps conservé leur indépendance et gardé leur alleu exempt de la sujétion féodale. Les seigneurs qui les entouraient, n'étaient pas plus puissants qu'eux en somme, et la famille avait d'assez belles alliances pour ne redouter aucun de ses voisins. Un jour vint toutefois, où les chefs d'alentour devinrent menaçants, où les comtes de la Marche, surtout, agrandirent assez leurs états et se rapprochèrent assez des terres des Roger, pour que ceux-ci pussent concevoir de sérieuses inquiétudes. Ce fut alors qu'ils durent se déterminer à accepter un patronage plus effectif et à avouer un seigneur : toutefois ils aimèrent mieux se recommander au comte de Poitiers qu'à un de ses vassaux : le comte était assez puissant pour les protéger contre tous les guerroyeurs de la région, et d'autre part assez éloigné d'eux pour ne pas être un maître trop gênant.

On constate du reste des relations directes, au onzième siècle, entre les Laron et les comtes de Poitiers. Nous avons déjà mentionné la donation faite en 1050, par l'évêque Jourdain, à l'église de Limoges. Les lettres délivrées par le prélat à cette occasion, divisent en deux catégories bien distinctes, les biens qui font l'objet de cette libéralité et en indiquent l'origine différente : les uns, tels que la grande tour du château neuf — nous ne sommes pas éloignés de croire qu'il s'agisse ici de Châteauneuf-la-Forêt et que ce fief ait,

(1) De terra, domine Contour com (sic) domino de Bron (sic) XV libr. pro toto, 1248 (Ibid. p. 219). Bron est certainement une mauvaise lecture pour Leron ou Laron.

(2) Bertrand Contor, chevalier, seigneur d'Aubières, reconnaît, en 1245, tenir d'Alphonse un fief. (TEULET, Layettes du Trésor des chartes, t. II, 567).

(3) Voir ci-après, p. 53, note.

à cette époque, appartenu aux Laron — proviennent de son « alleu hereditaire », de son patrimoine ; les autres, le quart de la chapelle de Saint-Michel et Saint-Quentin, notamment, et les terres qui en dépendent, sont du fief de Guillaume ; celui-ci les a donnés, non à la mense épiscopale, mais à Jourdain personnellement, et bien que la charte énonce que l'évêque les possède à titre d'alleu, la possession, sans doute, n'en était pas exempte de tout devoir. Peut-être faudrait-il chercher dans cette libéralité et d'autres du même genre, la raison de l'hommage réclamé au siècle suivant, des évêques de Limoges, par les ducs d'Aquitaine de la famille Plantagenêt. Quoiqu'il en soit, il résulte des déclarations de l'évêque Jourdain qu'au onzième siècle, il restait encore, dans les parages où nous fixe notre étude, des domaines directs des comtes de Poitiers, et que toute la contrée n'était pas inféodée aux grands seigneurs du voisinage. L'état de morcellement des seigneuries de notre province et le peu de consistance des plus grands fiefs de la région frappent l'esprit attentif : il y a lieu de réagir contre la disposition toute naturelle où nous sommes, de considérer les domaines féodaux comme des territoires compacts et homogènes, analogues aux circonscriptions administratives d'aujourd'hui.

L'apanage du quatrième fils de Louis VIII et de Blanche de Castille s'étendait donc sur le diocèse de Limoges ; mais englobait-il en totalité le Limousin, la Marche et les territoires de moindre importance compris à la circonscription ecclésiastique ? La mouvance était elle complète ou ne comprenait-elle que certains droits ? Par quels liens en un mot et dans quelle mesure notre province était-elle rattachée à l'autorité du frère de Saint-Louis ? Question qui aurait dû, ce semble, appeler l'attention de nos devanciers, qui pourtant n'a été étudiée par personne, et même, croyons-nous, jamais nettement posée. Arrêtons-nous un instant devant ce petit problème, pour indiquer quelques pièces peu connues et qui peuvent fournir les éléments d'une solution.

Il faut tout d'abord rejeter l'hypothèse que le diocèse de Limoges ait jamais été en entier placé sous la dépendance d'Alphonse. On se rappelle que le traité de 1259, dénommé jadis traité d'Abbeville, et à présent traité de Paris, rendait à Henri III les diocèses de Limoges, de Périgueux et de Cahors, à l'exception des terres faisant partie de l'apanage du comte de Poitiers et de tous les fiefs dont les possesseurs avaient obtenu du roi la promesse qu'il ne les placerait sous la dépendance d'aucun autre seigneur. Si tout le diocèse avait été compris dans le comté de Poitiers, tel qu'il avait été reconstitué en 1241 au profit d'Alphonse, quel sens aurait eu cette clause d'un traité inspiré au roi de France, non par un simple scrupule de conscience, mais par le plus clairvoyant patriotisme et par la plus habile politique ?

Nous avons du reste des preuves irrécusables de la foi faite au roi d'Angleterre, en vertu du traité d'Abbeville, par un certain nombre de communes et de seigneurs du diocèse. Citons la prestation de serment des consuls et des bourgeois du Château de Limoges entre les mains du sénéchal de Henri III, très peu de temps après le traité (1), et l'hommage prêté en 1263 par le vicomte de Turenne au fils de Jean-sans-Terre (2). L'abbé de Saint-Martial de Limoges, qui, en 1229, avait juré fidélité à Saint-Louis, à sa mère et à ses héritiers, parce qu'ils étaient seigneurs du duché d'Aquitaine dont il relevait (3), n'hésita pas à s'exécuter et à s'acquitter de ses devoirs envers Henri III (4) : le sénéchal du roi d'Angleterre, Bertrand de Cardaillac, reçut son hommage dans le chapitre même du monastère (5).

Toutefois les principaux seigneurs de la contrée demeuraient sous la main du roi de France en vertu d'engagements pris par celui-ci antérieurement au traité. C'est ainsi que les possessions de l'évêque de Limoges, avec tous ses fiefs et arrière-fiefs, se trouvaient exceptés de la restitution obtenue par Henri III (6). Il en était de même des terres du chapitre cathédral, de celles de l'abbesse de la Règle, de l'abbé de Solignac, des consuls et communes de la Cité de Limoges, de Brive, de Saint-Junien (7) et de Saint-Léonard. Le roi d'Angleterre revendiqua par deux fois cette dernière ville : par deux fois, en 1260 et 1280, le Parlement prononça qu'elle devait rester au souverain (8).

(1) Voir le *Bulletin de la Société archéologique et historique du Limousin*, t. XV, page 37.

(2) Ce seigneur renonça au privilège du roi de France, et par une convention spéciale, consentit à devenir vassal d'Henri III (A. Leroux et feu Bosvieux : *Chartes, Chroniques et Mémoriaux*, page 89).

(3) *Ratione ducatus Aquitanie* (Archives nationales, J 627).

(4) Peut-être même avait-il pris les devants. On trouve dans le fonds Bosvieux, aux archives de la Haute-Vienne, copie de lettres du roi d'Angleterre, datées du 10 octobre 1246, et déclarant que l'abbé Raymond lui a promis fidélité.

(5) Armoires de Baluze : Arm. I, tome XVII, pages 83, 91 et 92.

(6) Chron. de Pierre Coral, ap. *Historiens de France*, t. XXI, p. 769.

(7) *Sunt privilegiati in Lemovicensi ab antiquo et ante tempus dicte pacis, episcopus Lemovicensis et ejus capitulum, et consulatus Civitatis ejusdem, et abbatissa de Regula, abbas de Solmynhaco,... et consulatus sancti Geminiani* (sic), *et consulatus Brivæ* (Extrait d'un ancien reg. de la Chambre des Comptes, cité par Baluze : Armoire I, tome XVII, fol. 92).

(8) *Les Olim*. t. I, p. 479, et aussi notre *Etude sur la commune de Saint-Léonard de Noblat*, p. 161.

D'autres seigneurs invoquèrent des privilèges dont l'authenticité était plus suspecte. De ce nombre, le vicomte de Limoges : quoi qu'il en fût du droit de celui-ci et malgré l'hommage prêté à Henri III par l'abbé de Saint-Martial, seigneur originaire et incontestable du Château de Limoges, le vicomte réussit à maintenir ses états en dehors du territoire rétrocédé au roi d'Angleterre. De la convention du jour des Rameaux 1268 v. st. (1269) qui, en vue du mariage projeté entre l'héritière de Gui VI et un des fils de Saint-Louis, remettait la vicomté sous la main et la tutelle du souverain, il ressort clairement qu'il n'existait pas de seigneur intermédiaire (1). Une mention catégorique d'un précieux livre de la Chambre des Comptes de Henri III, copiée par Baluze, atteste que ce prince ne reprit pas possession de la vicomté (2). Plusieurs arrêts des *Olim* confirment cette indication.

Les officiers du roi de France, qui ne s'inspiraient pas toujours des principes et des sentiments de justice de leur maître, s'efforcèrent de diminuer l'importance des restitutions faites à Henri III. Ils conservèrent dans la mouvance directe du souverain des domaines dont les seigneurs ne pouvaient arguer d'aucun engagement spécial du prince. C'est ainsi que les monastères de Tulle et de Bonlieu furent soustraits aux conséquences du traité de 1259 comme le monastère de Saint-Martial lui-même, malgré le serment prêté par l'abbé, et qu'ils demeurèrent en dehors du territoire restitué et de la juridiction du sénéchal Anglais (3).

On voit qu'en somme une grande partie des fiefs du diocèse étaient rentrés sous l'autorité du roi d'Angleterre ou demeurés sous la main du roi de France. L'engagement pris par ce dernier vis-à-vis des seigneurs de ces domaines lui interdisait aussi bien de les transférer à son frère que de les restituer à Henri III. Nous pouvons donc constater déjà que l'apanage d'Alphonse ne comprenait qu'une faible portion du diocèse Limousin.

Le comté de Poitou ne s'était ni agrandi ni enrichi depuis que la famille Plantagenet en avait pris possession : Richard et son frère Jean firent argent de tout. De plus, à la faveur de leurs querelles avec Philippe-Auguste, plus d'un de leurs vassaux semblent

(1) Trésor des Chartes, J 247 n° 20, et *Bull. de la Soc. arch. du Limousin*, t. VIII, p. 126.

(2) *Omissa fuerunt restitui in Petragoricensi et Lemovicensi... et eciam terra vicecomitatus* (Baluze, Arm. I, t. XVII, fol. 83, 91, 92).

(3) *Perdidit ressortum [et] superioritatem monasteriorum de Tuella, de Sancto Marciale Lemovicensi, et de Bono Loco, qui nullum habebant privilegium (Ibid).*

s'être soustraits à leur autorité. Au demeurant, dans quelle mesure le Limousin avait-il dépendu des ducs Angevins? Quels rapports féodaux avaient entretenus ces seigneurs avec les possesseurs des principaux fiefs de la contrée? La question est beaucoup moins simple qu'elle ne paraît au premier abord. On voit bien Henri II et ses deux successeurs entraver dans l'exercice de leur ministère et de leur juridiction les évêques qui leur déplaisent; on entend Jean-sans-Terre réclamer de Jean de Veyrac le serment de fidélité et parler à ce sujet des devoirs et services auxquels se sont soumis vis-à-vis des ducs d'Aquitaine les prédécesseurs du prélat (1) ; les vicomtes de Limoges se comportent en mainte occasion comme les vassaux soumis de Henri-le-Jeune ou de Richard, et en 1213, Gui V, après s'être plusieurs fois révolté contre eux, rentre dans le devoir et déclare à Philippe-Auguste que, malgré les engagements pris vis-à-vis de ce prince, il a dû reconnaître l'autorité de Jean-sans-Terre, son « naturel seigneur » et promettre à celui-ci « ligeance et fidélité ». Mais peu de temps auparavant, le même Gui V déclarait, dans mainte conversation intime, qu'il ne tenait du successeur de Richard que deux fiefs : la monnaie de Limoges, mouvant du comté de Poitiers, et le péage du Pont-Saint-Etienne, mouvant du duché d'Aquitaine. Et les évêques ne paraissent pas avoir jamais fait hommage aux Plantagenet pour l'ensemble de leur domaine temporel (2)....

Les droits des Plantagenet étaient pourtant ceux-là même de l'ancienne famille des comtes, que leur avait apportés l'héritière de ces derniers, Aliénor, fille de Guillaume IX. Et il n'est guère possible de croire que ces droits, aux xe et xie siècles, ne se fussent pas exercés sur d'autres objets que ceux mentionnés plus haut. Depuis le xe siècle au moins, le diocèse de Limoges tout entier paraît avoir été sous la dépendance féodale la plus complète des comtes de Poitiers. Une série de faits qui sont rapportés par nos chroniqueurs et qui semblent bien établis, attestent cette dépendance. Les ducs d'Aquitaine prennent d'une façon ininterrompue une part active et prépondérante aux affaires de la province Limousine. Peut-on admettre qu'une mouvance aussi peu étroite que celle indiquée par Gui V suffise à justifier, à expliquer cette influence décisive et incontestée?

Le Limousin proprement dit n'est qu'une agglomération de fiefs n'ayant aucune cohésion, et pour ainsi dire aucun rapport entre eux. Une autre portion du diocèse a plus d'unité féodale : c'est la Marche. Pour celle-ci, la situation est beaucoup plus nette. La Mar-

---

(1) Thomas Duffus Hardy : *Rotuli Litterarum clausarum in Turre Londinensi asservati*, t. I.
(2) Voir plus loin l'enquête sur la mouvance de la monnaie de Limoges.

che fait partie de l'apanage d'Alphonse, et le comte de la Marche doit l'hommage, non pour quelques droits d'une nature toute spéciale, mais pour son comté même, au frère de Saint-Louis. Et c'est l'humiliation qu'Hugues de Lusignan et surtout sa femme, Isabelle d'Angoulême, veuve de Jean-sans-Terre, ressentent de cette situation, qui pousse le comte à organiser, de concert avec le roi d'Angleterre, la révolte de 1242. On sait que cette entreprise se termina par la défaite des seigneurs ligués et l'aggravation de l'état de choses antérieur en ce qui concernait le comte de la Marche. Les autres barons du diocèse de Limoges, sauf peut-être Aimeri le jeune, vicomte de Rochechouart (1), ne paraissent pas avoir pris part à ce soulèvement.

Il n'y a aucune raison de penser que les seigneurs de Laron se soient associés à cette prise d'armes et que les conditions de mouvance de leur fief aient été modifiées à cette occasion.

Revenons aux documents pouvant éclairer la question qui nous occupe et que nous avons annoncés plus haut. Les pièces inédites sont au nombre de trois, ayant trait principalement au vicomte de Limoges.

La première en date est une lettre écrite le 24 juin 1256 à Alphonse par le vicomte de Limoges, Gui VI. Celui-ci appelle le comte de Poitiers son seigneur, sans lui donner aucune dénomination plus particulièrement caractéristique. L'expression *Dominationi vestræ* qu'il emploie en s'adressa... au prince, doit toutefois être retenue : on ne peut guère la prendre pour une formule de simple politesse et de respect, et il est permis d'y voir un aveu de l'état de sujétion féodale du vicomte, de sa vassalité vis-à-vis d'Alphonse.

L'objet de cette lettre, ou plutôt de cette déclaration, est de faire connaître au comte de Poitiers les conditions dans lesquelles les vicomtes, dans l'étendue de l'ancien *pagus Lemovicinus*, ont de tout

(1) Aymeri fit sa soumission à Alphonse à Pons, le 1er août 1242. Layettes du Trésor des chartes, t. II, nos 447, 448. On trouve un peu plus loin, n° 586, une déclaration relative à l'hommage fait à Saint-Cloud, au mois de septembre 1245, par Marguerite, vicomtesse de Rochechouart, à son « très cher seigneur » le comte de Poitiers : « *viro karissimo domino nostro Alfonso, comiti Pictavie, fecimus homagium litgium contra omnes homines et feminas qui possunt vivere et mori, de Castro Ruppis Cavardi et pertinenciis et de Castro Perusii et pertinenciis, tanquam de ballo...* » Marguerite est en ce moment tutrice de son fils. — Il s'agit ici, croyons-nous, du château de La Peyruze, près Chabanais, et non du château de Pérusse — *de Petrucia* — près Châtelus-le-Marcheix (aujourd'hui département de la Creuse).

temps disposé de leurs domaines. « L'usage institué et inviolablement observé jusqu'à ce jour dans tout le diocèse de Limoges et dans le Limousin, écrit Gui VI, est que les vicomtes établis dans cette contrée partagent, suivant leur volonté, soit durant leur vie, soit au moment de leur mort, leur héritage et leurs biens entre leurs fils, attribuant à chacun d'eux une part petite ou grande, comme ils l'entendent ; et de cette portion, petite ou grande, de l'héritage, qui leur a été assignée par leur père, les fils doivent se tenir pour satisfaits. » (1). La constatation de cette complète liberté est intéressante à un certain point de vue ; mais l'objet même de cette déclaration n'a pas de rapport direct au problème qui nous occupe : ce qui doit être retenu, c'est le fait même de l'envoi de la déclaration à Alphonse, ainsi que les formules de dépendance signalées plus haut.

Le second des documents que nous pouvons produire est inédit ; il a été toutefois signalé par M. Boutaric dans sa belle, mais incomplète étude sur *Saint-Louis et Alphonse de Poitiers*. C'est une lettre émanant du prince, datée de l'an 1269 et adressée à Aymeric, vicomte de Rochechouart, au sujet d'un différend entre ce seigneur et Marguerite de Bourgogne, veuve de Gui VI et tutrice de Marie, héritière de la vicomté de Limoges. Le vicomte de Rochechouart et la vicomtesse de Limoges sont également appelés « nos fidèles » par l'apanagiste; le vicomte Aymeric a dénoncé à son seigneur les entreprises de Marguerite et le préjudice qui en est la conséquence pour le plaignant ; il semble reconnaître que les torts et les dommages sont réciproques, et sur la proposition de la vicomtesse, il accepte l'arbitrage d'Alphonse, sous la seule condi-

---

(1) *Illustri viro domino suo Amphonso, filio excellentis Regis Franciæ, comiti Pictaviensi et Tholosano, Guido, vicecomes Lemovicensis, suus in omnibus, salutem cum omni reverencia et honore.*

Dominationi vestræ notum facimus quod, in tota diocesi Lemovicensi et Lemovicinio, usque in diem hodiernam, ita est usitatum et inviolabiliter observatum, quod vicecomites in dicta diocesi et Lemovicinio constituti, cum eisdem placuerit, et in vita et in morte, diviserunt hœreditatem suam et bona sua inter filios suos, certam porcionem, sive minimam sive magnam, unicuique filiorum, de sua hœreditate et bonis, pro suæ voluntatis arbitrio assignantes : qua porcione, sive minima sive magna, sibi a patre vicecomite assignata, filii contenti esse debent, secundum modum et usum inter vicecomites in dicto Lemovicinio usque ad præsens tempus observatum. Datum in festo Nativitatis Beati Johannis Buptistæ, anno Domini millesimo ducentesimo quinquagesimo sexto.

Bibl. Nationale, coll. Doat. tome 242, p. 327, 328.

tion qu'il sera pareillement accepté par Marguerite et que celle-ci et lui comparaîtront en personne pour exposer leurs griefs à la première session du parlement tenu par le comte de Poitiers. La réponse d'Alphonse est évasive et sans grand intérêt en elle même (1).

Passons au dernier de nos documents.

Celui-ci est plus précis. Un fragment de parchemin, conservé aux

(1) *Aymirico, vicecomiti Ruppiscavardi. — Alfonsus filius Regis Francorum, comes Pictavensis et Tholosanus, nobili et fideli suo Aymirico, vicecomiti Ruppiscavardi, salutem et dilectionem sinceram. Inspecta littere vestre quam nuper recepimus tenore, intelleximus quod super multis(?) interprisiis, dampnis et injuriis que vertuntur inter vos et nobilem ac fidelem nostram vicecomitissam Lemovicensem, ordinacioni et inquisicioni nostre vos supponeretis, si dicta vicecomitissa idipsum pro se et suis faceret, sicut decet. Sane quare nescimus an ventura sit ad proximum pallamentum, ad ea que scripsistis ad presens plene non possumus respondere (?) Si tamen ex parte ejusdem vicecomitisse super hoc fuerimus requisiti, secundum ea que ex tenore littere vestre collegimus, faciemus sibi vel suo nuncio responder e (?). Datum apud Longum Pontem, anno Domini m⁰ cc⁰LX m⁰ nono.*

Forma litterarum quas dictus vicecomes misit super hoc domino comiti : — Excellentissimo domino suo, Alphonso, filio illustrissimi domini Regis Francie, comiti Pictavensi et Tholosano, Aymiricus, vicecomes de (sic) Ruppiscavardi, miles suus, salutem cum omni reverencia et honore. Cum dominatio vestra michi litteratorie designaverit quod domina vice-comitissa Lemovicensis proposuerat coram vobis quod super mutuis dampnis et injuriis a me et meis complicibus et ab eadem et suis fautoribus michi et meis vice versa illatis, ut dicitur (?), post composicionem factam quondam per dominum J. Comitem Nivernensem, inquisicioni et ordinacioni vestre libenti animo se supponeret, si consimile facere affectarem, reverende dominationi vestre significo quod, de omnibus dampnis et injuriis quas ipsa vicecomitissa dicit tam per me quam per tenentes locum meum post dictam composicionem sibi intulisse, ego paratus sum me totaliter supponere ordinacioni et inquisicioni vestre ad instans pallamentum Penthecostes, dum ipsa consimile faciat, et ad dictum pallamentum velit personaliter comparere coram vobis, et hoc dominacioni vestre diu est mandavissem nisi esset maxima infirmitas quam [tempore ?] ex quo recepi vestras litteras, passus fui. Bene significetis mihi, si placet, per latorem presencium, si dicta vicecomitissa ibit ad predictum pallamentum, ad quod ego paratus sum accedere pro premissis tenendis ac eciam exequendis. Valeat bene et..... (*) dominatio vestra.

(Correspondance d'Alphonse, registre JJ 24ᵈ, fol. 3 recto, aux Archives nationales).

(*) Une abréviation que nous n'avons pu traduire.

Archives nationales et qui parait avoir échappé aux recherches de M. Boutaric, établit d'une façon suffisamment précise que le vicomte de Limoges tenait au moins du comte de Poitiers la monnaie du Château. C'est le procès-verbal même d'une enquête poursuivie vers 1268, par des commissaires royaux, en vue d'établir les droits d'Alphonse. Cette enquête portait sur deux points : la mouvance de la monnaie et celle du péage du pont de la Cité, le pont Saint-Étienne.

Les dépositions relatives au premier point seulement ont été conservées. Il faut regretter, pour notre histoire limousine, que le document ne nous soit pas parvenu intact. La partie qui manque offrait pour nous un intérêt tout particulier : La question des péages de la Cité, de leur origine, de leur nature, du mode de leur perception, est demeurée jusqu'ici fort obscure.

Le premier témoignage recueilli par les enquêteurs est celui d'Élie Coral, chanoine de Limoges. Ce personnage, qui nous est connu d'ailleurs et paraît avoir été un familier du vicomte Gui VI, affirme avoir plusieurs fois entendu celui-ci déclarer « qu'il ne tenait du comte de Poitiers rien autre chose que la monnaie, mais que de ce chef il dépendait bien du comte ». Élie ajoute que cette mouvance est du reste de notoriété publique et que les espèces de Limoges sont des diverses monnaies limousines les plus connues ; peut-être faut-il traduire : les plus appréciées (*magis famosa*).

La seconde déposition est plus caractéristique et plus précise encore. Gui Archer (1) rappelle que, durant la guerre entre Gui VI et les bourgeois du Château de Limoges, il se trouvait un jour avec le vicomte, revêtu de ses armes, et qu'il l'avait supplié de renoncer à cette lutte, lui faisant appréhender l'éventualité de l'intervention du roi de France et du comte de Poitiers. Gui VI aurait répondu qu'il n'avait rien à craindre de semblable, ne tenant rien du roi, et ne relevant du comte que pour la monnaie de Limoges.

Le Vicomte tenait, on le sait, de l'abbé de St-Martial, le château de Limoges (2) et Château-Chervix ; mais Ségur, Aixe, Nontron, Thiviers, Excideuil, ne relevaient-ils pas du Roi de France ? Il y a quelque chose ici qui appellerait des explications.

(1) Est-ce le personnage de ce nom qui, en 1268, était prieur général de Grandmont ?

(2) Non seulement on a des actes de l'hommage prêté par les vicomtes aux abbés de St-Martial, au cours des xiii⁰ et xiv⁰ siècles ; mais un rapport très précieux du sénéchal Jean de Lalinde au roi Henri III, affirme que tout ce que possédait le vicomte de Limoges dans le Château relevait de l'abbé : « *Vicecomes ea quæ habet in dicto (castro) tenet ab abbate Sancti Martialis, qui ea, et alia quæ habet idem abbas in dicto Castro, tenet de vobis et de his vobis se advohat* (SHIRLEY : *Royal and other historical letter*, t. II. 180).

Seguin Boucher ou Boucheru, chanoine de Limoges, confirme ces dires : il a été, quarante ou cinquante ans plus tôt, clerc, c'est-à-dire secrétaire de Gui V, au temps même où ce seigneur s'est trouvé retenu captif à Chinon par Jean-sans-Terre ; le vicomte lui a assuré à cette époque ne tenir rien autre chose du Comte de Poitiers, que la monnaie de Limoges, et du duc d'Aquitaine, que le péage du pont St-Etienne. Le témoin ajoute que, d'après les déclarations de Gui, la monnaie de Limoges devait avoir la même valeur que celle du comte de Poitiers, à une *picte* près, et qu'elle était reçue, à l'égal de celle du comte, dans toute la terre de ce dernier.

Le quatrième témoin entendu, Jourdain de Montcocu, chevalier, vigier du Château de Limoges, n'ajoute rien aux dépositions des personnages appelés avant lui. Devant les commissaires, se succèdent ensuite : Bernard Guillaume et Pierre de Châteauneuf, tous deux chevaliers de Rochechouart ; Ramnoux Deffort, Gautier Morin, Pierre Paute, Pierre Seschaut, Hugues de Grouneras, tous chevaliers, dont les déclarations sont conformes aux précédentes. Après eux, un écuyer, Pierre du Dognon, déclare non seulement qu'il a entendu le vicomte reconnaître la mouvance de la monnaie, mais que le témoin croit qu'il en est et qu'il en doit être ainsi. — Là s'arrête le parchemin des archives de l'Etat (1).

(1) Bien que la pièce soit un peu longue, elle offre assez d'intérêt pour qu'on nous pardonne de la donner ici en entier :

Inquesta super moneta Lemovicensi et pedagio Civitatis. — *Magister Helyas Coralli, canonicus Lemovicensis, testis productus, super hoc requisitus si scit quod vicecomes Lemovicensis teneat vel debeat tenere monetam Lemovicensem a domino comite Pictavensi, dixit, per juramentum suum, quod pluries audivit quod vicecomes Lemovicensis dixit ei, quando loquebatur cum ipso, quod ipse vicecomes nihil tenebat a domino Pictavensi nisi tantummodo monetam Lemovicensem ; sed monetam Lemovicensem tenebat ab ipso. Requisitus si diu est quod hoc audivit dici a dicto vicecomite, dixit quod bene sunt XII anni elapsi quod Guido, quondam vicecomes Lemovicensis, hoc dixit eidem, et postea pluries. Requisitus de loco, dixit in pluribus locis. Requisitus de circumstantibus, dixit quod non recolit. Requisitus de cursu ejusdem monete et de circumstanciis, dixit quod semper audivit quod moneta Lemovicensis erat et est magis famosa totius Lemovicinii. Item dixit, per juramentum suum, quod est notorie et fama publica quod vicecomes Lemovicensis debet tenere monetam Lemovicensem a domino comite Pictavensi. Et nihil aliud scit.*

Guido Archerii (?), *Marchiœ* (?), *testis productus super premissis et diligenter interrogatus, dixit, per juramentum suum, quod ipse vidit et audivit quod Guido, quondam vicecomes Lemovicensis, habebat guerram cum*

Les archives départementales de la Haute-Vienne fournissent peu de documents de nature à nous éclairer sur les rapports féodaux d'Alphouse avec les seigneurs du pays. On peut cependant men-

burgensibus Castri Lemovicensis et quòd, quadam die, cum idem vicecomes esset armatus pro dicta guerra, idem Archerius rogavit ipsum quod pro Deo (?) dimitteret a guerra; alioquin dominus Rex Francie et dominus Comes Pictavensis facerent ipsam guerram dimitti, aut ipse vellet, aut nollet. Et tunc idem vicecomes dixit quod ipse non tenebat nec à Rege Francie, nec a comite Pictavensi, nisi tantummodo monetam Lemovicensem, quam tenebat a domino comite Pictavensi. Requisitus de loco, dixit quod non recolit; de circumstantibus, non recolit; de tempore, dixit quod quinque anni vel circa sunt elapsi. Et nihil aliud scit.

Magister Seguinus Boucheru (?), canonicus Lemovicensis, juratus et requisitus, dixit, per sacramentum suum, quod bene sunt XL *vel* L *anni elapsi, quod ipse fuit clericus domini Guidonis, quondam vicecomitis Lemovicensis, patris vicecomitis qui postea habuit in uxorem filiam nobilis ducis Burgundie, tempore quo rex Ricardus* (*) *tenuerat ipsum captum apud Chino, et quod idem vicecomes dixit ei pluries quod ipse tenebat monetam Lemovicensem a dicto comite Pictavensi, et nihil aliud tenebat ab ipso, — et a duce Aquitanie, pedagium quod idem vicecomes levabat in ponte Sancti Stephani, Civitatis Lemovicensis; et quod idem vicecomes debebat facere monetam suam equipollentem monete domini comitis Pictavensis, minus picte. Et dicta moneta debebat habere cursum suum per terram dicti comitis Pictavensis cum sua.*

Jordanus de Montecuculli, miles, vigerius de Castro Lemovicensi, juratus et requisitus, dixit, per sacramentum suum, quod semper audivit dici, et ita credit, quod vicecomes Lemovicensis tenet et semper tenuit, ut credit, monetam Castri Lemovicensis a domino comite Pictavensi, et ita audivit dici XX *anni vel amplius sunt elapsi. Requisitus de cursu dicte monete, dixit se nichil scire; tamen dixit quod semper vidit quod dicta moneta erat receptabilis per totum Lemovicinium.*

Bernardus Guillermi, miles de Ruppe Cavardi; P. de Castro Noco, miles de Ruppe Cavardi; Ramnulphus Deffort, miles; Galterius Morini, miles; P. Paute, miles; P. Seschaut, miles; Hugo de Gronneras (**), *miles; jurati, dixerunt singuli secundum per omnia quod Jordanus precedens testis.*

P. deu Domphos (***), *serviens, juratus et requisitus, dixit quod ipse audivit pluries quod Guido, vicecomes Lemovicensis, dicebat:* « *Dominus Comes Pictavensis non potest me pignorare, nisi tantummodo de moneta Lemovicensi.* » *Item, dixit quod idem vicecomes dixit pluries, ipso qui loquitur audiente, quod ipse tenebat monetam Lemovicensem a domino comite Pictavensi. Et ita credit quod idem vicecomes teneat et debeat tenere dictam monetam a dicto domino comite. De cursu monete predicte, dixit idem quod Jordanus precedens testis.* (Archives nationales, J. 646, n° 145)....

(*) Erreur, c'est Jean sans Terre qui se saisit de Gui V et le tint plusieurs mois en prison.
(**) *Gromieras* ? peut-être.
(***) Du Dognon ?

tionner des lettres du comte de Poitiers confirmant des acquisitions faites par le monastère de Solignac dans la paroisse de Nedde en 1267 (1).

Si, après cette excursion parmi les documents inédits, nous recourons aux textes publiés et si nous consultons en particulier les pièces, d'un très grand intérêt, publiées par M. Guérin dans les *Archives historiques du Poitou*, nous trouvons mentionnés, en 1242-44, sur la liste des hommes liges du comte de Poitiers :

Le vicomte de Limoges ;
Le vicomte de Rochechouart ;
Le seigneur de Peyrat
Et les seigneurs de Laron.

Vers 1260, une nouvelle liste de vassaux d'Alphonse (2) nous est fournie par un précieux ouvrage de M. A. Bardonnet. Nous croyons utile de donner ici, en reproduisant les termes mêmes du document, tous les articles de cette énumération qui se rapportent au diocèse ou peuvent l'intéresser :

« Hugues de Villemeur est l'homme lige du seigneur comte de Poitiers, et il tient de lui le péage de la voie publique conduisant de Montmorillon au Dorat et à La Souterraine, le long de la rive de la Gartempe (3).

« Guillaume Brachet est l'homme lige du seigneur comte et tient de lui une moitié indivise de sa terre de Peyrat (4).

....

« Le comte de la Marche fait deux hommages liges au seigneur comte, savoir : l'un pour le comté de la Marche et l'autre pour le

---

(1) Fonds de Solignac, liasses non numérotées.

(2) *Hommages d'Alphonse, comte de Poitiers, frère de Saint-Louis : Etat du domaine royal en Poitou, 1260.* (Niort, L. Clouzot, 1872).

(3) *Hugo de Vilemor est homo ligius domini comitis Pictaviensis, et tenet ab eo pedagium vie publice que ducit de Monte Maurilii apud Dauratum et apud La Souterrene, juxta ripariam de Gartampe* (p. 85). Actuellement route départementale n° 4 et route nationale n° 142.

(4) *Guillelmus Brachet est homo ligius domini comitis, et tenet ab eo medietatem terre sue de Peirac, pro indiviso* (p. 86). Il n'est pas absolument sûr qu'il s'agisse ici de Peyrat-le-Château. Toutefois il y a lieu de le penser, puisque Peyrat-le-Château est le seul Peyrat qui figure aux siècles suivants dans la liste des hommages de l'enclave Poitevine. Ajoutons que les Brachet possèdent des terres dans le pays ; qu'on les voit même un peu plus tard faire hommage au Roi pour le château de Pérusse, près Châtelus-le-Marcheix.

château et la châtellenie de Lusignan. Il en fait de plus, et de date récente, un autre pour les soixante livres que le seigneur comte a données à perpétuité, durant son voyage outre mer, au père du susdit comte de la Marche (1).

« Le vicomte de Rochechouart (Aymeric IX) est l'homme lige du seigneur comte et il tient de lui le bourg et le château de Rochechouart.

« Le seigneur Guillaume, son frère (Guillaume de Rochechouart, chef de la branche des Mortemart), est l'homme lige du seigneur comte et tient de lui le château et bourg de la Peyruse (2).

« Dame Marguerite (fille de Hugues X de Lusignan) autrefois vicomtesse de Thouars, est la femme lige du seigneur comte et tient de lui la châtellenie de Bridiers avec ses dépendances ; elle tient également de lui le manoir de Montbas, avec ses dépendances ; et de plus, tout ce qu'elle tient de droits honorifiques à Cognac, à elle attribués dans son partage avec ses frères (3).

« Le vicomte de Limoges est l'homme lige du seigneur comte et tient de lui la monnaie et le péage de Limoges (4).

« Gui de la Trémouille, chevalier, est l'homme lige du seigneur comte de Poitiers, et tient de lui la troisième partie de la terre et du bourg de Lussac-les-Eglises (il prétend qu'il ne doit pas de droit

---

(1) *Comes Marchie facit duo homagia ligia domino comiti, unum videlicet ratione comitatus Marchie, et aliud ratione castri et castellanie de Lezigniaco. Item, de novo, aliud racione sexagenta librarum quas dominus comes dedit ad perpetuum, in itinere transmarino, patri ejusdem comiti Marchie* (p. 90).

(2) *Vicecomes de Ruppe Cavard est homo ligius domini comitis, et tenet ab eo villam et castrum de Ruppe Cavardo. Dominus Guillelmus, frater suus, est homo ligius et tenet a domino comite castrum de Petrucia et villam* (p. 91). — Il s'agit probablement de La Peyruse près Chabanais (auj. arrondissement de Confolens, Charente). Un autre château de *Petrucia* figure un peu plus tard à la liste des hommages poitevins. C'est Pérusse près Châtelus-le-Marcheix (canton de Bénévent, au bailliage de Bourganeuf).

(3) *Domina Margarita, vicecomitissa quondam Thoarcensis, est femina ligia domini comitis et tenet ab eo castellaniam de Briders cum pertinenciis suis ; item, herbergamentum de Monte Basto cum pertinenciis ; item, quicquid habet in honore de Compinaco (?), racione frareschie sue* (p. 91). Bridiers, aujourd'hui commune du canton de La Souterraine (Creuse). — Montbas, paroisse de Gajoubert, canton de Mézières (Haute-Vienne). — Compinac, peut-être Cognac, commune du canton de Saint-Laurent-sur-Gorre, ou Compreignac, canton de Nantiat (Haute-Vienne).

(4) *Vicecomes Lemovicensis est homo ligius domini comitis et tenet ab eo monetam Lemovicensem et pedagium* (p. 91).

de rachat); Guillaume de Lezai, écuyer, est l'homme lige à cause de sa femme, fille d'Emilien de La Trémouille, chevalier défunt, et tient du vicomte un autre tiers du même bourg; Geoffroy Coigne, chevalier, à cause des héritiers de Guillebaud de La Trémouille, dont il est le tuteur, est homme lige et tient du comte le dernier tiers (1).

« Seigneur Roger de Laron est homme lige et tient [du comte] sa terre de Laron.

« *Item*, Roger de Laron, écuyer, parent du seigneur Roger pré nommé, est aussi homme lige (2).

Peut être faut il comprendre dans notre relevé les deux passages suivants :

« Seigneur Geoffroy du Dognon (?) est l'homme lige du seigneur comte pour la terre du Dognon (?) et ses dépendances (3) ;

« Aymeric de La Tour, écuyer, est homme lige du seigneur comte et tient de lui ce qu'il possède dans la châtellenie du Dognon (?) (4). »

Mais il est douteux qu'il s'agisse dans les lignes ci-dessus du Dognon près St-Léonard.

Quelques articles de la liste publiée par M. Bardonnet peuvent être postérieurs à 1260; mais les additions les plus récentes remontent à une date antérieure à 1288, et probablement même antérieure à 1280.

Dans tous les cas, les passages cités par nous paraissent tous antérieurs à 1271, puisqu'ils font mention du comte de Poitiers.

---

(1) *Wido de Tremolles, miles, est homo ligius domini comitis Pictaviensis, et tenet ab eo terciam partem terre et ville de Luciaco Ecclesiarum, et dicit quod non debet rachetum; Guillelmus de Lezuio, valetus, est homo ligius, ratione uxoris sue, filie Amilliani de Tremolles, militis, defuncti, et tenet ab eo aliam terciam partem ejusdem ville. Gaufridus Coigne, miles, ratione heredum Guillebaudi de Tremolles quos habet in ballio suo, est homo ligius et tenet aliam terciam partem ejusdem ville* (p. 94). — Lussac-les-Eglises, aujourd'hui commune du canton de Saint-Sulpice-les-Feuilles, arrondissement de Bellac (Haute-Vienne).

(2) *Dominus Rogerius de Laron est homo ligius, et tenet terram suam de Laron. Item, Rogerius de Laron, valetus, cognatus domini Rogerii predicti, est homo ligius* (p. 95).

(3) *Dominus Gaufridus de Dangone est homo ligius domini comitis, de terra de Dangone et pertinentiis* (p. 93). — Le Dognon, aujourd'hui commune du Châtenet, canton de Saint-Léonard, arrondissement de Limoges.

(4) *Aymericus de Turre, valetus, est homo ligius domini comitis et tenet ab eo quicquid habet in castellania de Dangone* (p. 95).

En résumé, des textes cités plus haut il résulte que la moindre partie seulement du diocèse de Limoges dépend de l'apanage d'Alphonse, et qu'en dehors du comté de la Marche et des vicomtés de Rochechouart et de Bridiers, dont le domaine n'était pas très étendu, cette mouvance ne comprend aucun fief important du diocèse. Dans le Bas-Limousin, pas un fief ne relève de l'apanage constitué au profit du quatrième fils de Louis VIII; dans le Haut-Limousin, Alphonse ne peut réclamer l'hommage que pour quelques terres et pour quelques droits particuliers. Les domaines des trois plus grands seigneurs de la contrée après le comte de la Marche : l'Évêque, le vicomte de Limoges et le vicomte de Turenne ne relèvent pas de lui. Il en est ainsi de la Combraille, du Franc-Alleu, mais non de la vicomté d'Aubusson, rattachée dès l'année 1226 à la Marche. Le diocèse échappe, en somme, dans sa plus grande partie, à l'autorité du comte de Poitiers, et bien que restitué en principe au roi d'Angleterre, on peut dire qu'il n'a pas été effectivement rendus à ce prince. Ajoutons qu'à partir de 1260 ce territoire subit de plus en plus, et d'une façon évidente, l'ascendant des sénéchaux institués par le roi de France. C'est par ces officiers que le travail d'assimilation, commencé dès les premières années du XIIIe siècle, se poursuit avec méthode, avec persévérance, avec énergie. Et quand, à la suite des désastres militaires de la France, le Limousin sera retombé sous la domination anglaise, il la secouera à la première occasion et redeviendra français de nom comme il l'est d'habitudes et de cœur.

VIII

Le bailliage royal de Laron

Aux XIe et XIIe siècles, lorsque la Haute-Marche, dont l'histoire est jusqu'à cette époque si peu connue, vint s'ajouter, peu à peu, semble-t-il, et dans des circonstances bien obscures, au petit fief constitué par Geoffroi, Sulpice et Boson-le-Vieux, il paraît avoir subsisté, entre la Marche primitive et cette importante annexe, une longue traînée de territoires qui se maintinrent dans la mouvance directe du comte de Poitiers. Nous sommes du moins fondé à croire qu'il en fut ainsi, puisqu'au siècle suivant, nous nous trouvons en présence d'un tel état de choses et que nous ne réussissons à discerner ni sa raison d'être ni son point de départ. Il ne paraît pas que la constitution de l'apanage d'Alphonse ait amené aucune modification dans les rapports féodaux existant avant lui. La confiscation des domaines de Jean-Sans-Terre (1204) et l'expédition de Louis VIII en Aquitaine (1224-1225) avaient fait passer le comté de Poitiers sous la main du roi de France Le nouvel apanagiste fut substitué au roi de France comme seigneur direct : là se bornèrent à cet égard les changements. Tout semble établir que le groupe de fiefs constituant cette enclave poitevine restait dans d'anciennes conditions de mouvance, alors qu'autour de lui tout avait changé : les petites seigneuries de l'Est ayant été, comme les domaines de la vicomté d'Aubusson, absorbées dans le territoire du comté de la Marche ; au Sud et à l'Ouest, les terres des églises et des seigneurs Limousins s'étant peu à peu détachées, sous les ducs d'Aquitaine de la famille Plantagenêt, de la mouvance du comte de Poitiers et ayant, après la confiscation des états de Jean sans Terre, resserré de plus en plus le lien qui les unissait à la France.

Nous ne saurions donner de ce phénomène aucune explication appuyée sur des documents : nous nous bornons à constater que l'enclave poitevine de l'Est, dont les points notables sont Bridiers, Bourganeuf, Laron et Peyrat-le-Château, existe dès 1244 : à cette date, les seigneurs de trois de ces localités relèvent du comté de Poitiers. La quatrième, Bourganeuf, est encore peu importante et appartient aux chevaliers de l'Hôpital de Saint-Jean de Jérusalem, il n'en est point question aux hommages du frère de saint Louis.

Rien ne peut faire supposer qu'en 1244 les Laron ne fussent pas les seuls seigneurs de leur château et de ses dépendances et que le roi de France possédât sur ce point des droits quelconques autres que ceux de suzerain. Le texte des *Archives du Poitou* cité plus haut témoigne que Gui et Roger de Laron tenaient chacun une moitié du est fief, et il n'y est fait allusion à aucune prérogative particulière du souverain. Au surplus, aucun document ne nous révèle, avant les dernières années du XIIIe siècle, une acquisition faite dans le pays par le roi de France et, dans les mémoires présentés au Parlement par l'Evêque de Limoges, au cours d'un grand procès relatif à la justice de Saint-Léonard de Noblat, ce prélat affirme de la façon la plus catégorique que le souverain n'a aucune juridiction ni seigneurie directes dans la contrée et qu'il n'y possède aucun domaine immédiat (1).

Toutefois, vingt-huit ans après la mort d'Alphonse, on trouve

(1) *Rex non habet, nec habere consuevit in partibus illis ubi dicta villa sita est, vel in locis circumvicinis, aliquam proprietatem seu domagnium, nec aliquam justiciam seu juridictionem, nisi ut dominus superior et mediatus, et nisi in casu ressorti* (Arch. Haute-Vienne, Evêché liasse 2440).

une juridiction royale établie à Laron même. Jusque là, en dehors de la haute juridiction des sénéchaux institués par Saint-Louis, il ne paraît pas qu'il s'y fût exercé d'autre prérogative judiciaire que celle des seigneurs du lieu, sous le ressort des ducs d'Aquitaine et des comtes de Poitiers. Toutefois, des officiers chargés de l'exercer, de leurs sentences, de leurs assises, de leur action, nous n'avons rencontré aucune trace; nous possédons au contraire un certain nombre de mentions relatives à la justice locale de Peyrat, de pièces même émanant de cette petite sénéchaussée, dont deux titulaires, on l'a vu plus haut, sont nommés au cartulaire d'Aureil pendant la seconde moitié du XIIe siècle.

Tous les territoires du diocèse de Limoges rattachés au Poitou par leur mouvance féodale, paraissent avoir été placés, pendant l'administration d'Alphonse et la période suivante, dans le ressort fiscal et judiciaire du bailliage de Montmorillon (1). C'est encore au siège sénéchal de Montmorillon, on le verra plus loin, que sont rattachés, dans la dernière période de l'ancien régime, non seulement l'enclave de Laron-Peyrat-Pérusse-Pontarion-Bourganeuf, mais la vicomté de Bridiers, celle de Rochechouart, les seigneuries de Mortemart, Montbrun, etc.

Plusieurs pièces émanant du bailliage de Montmorillon, et portant des dates comprises entre 1265 et 1287, sont conservées dans nos dépôts d'archives. Les dernières se rapportent à la période de l'administration, par les sénéchaux royaux, des domaines d'Alphonse, période qui se prolongea durant les premières années du règne de Philippe IV. On sait qu'un arrêt du Parlement, rendu en 1283, avait repoussé les prétentions des proches du comte de Poitiers et établi la doctrine du retour des apanages à la couronne après la mort de l'apanagiste.

A dater de la mort d'Alphonse (août 1271), l'hommage dû à ce prince par les seigneurs de Laron remonte au roi, dont ils deviennent les vassaux directs. Le fort de la Maude, on l'a vu déjà, est dans la mouvance du château de Montmorillon, qui a dans sa dépendance tous les fiefs de l'enclave poitevine resserrée entre la Marche et le Limousin. Mais en dépend-il très anciennement? Il y a ici un petit problème à éclaircir. Le château et la châtellenie de Montmorillon relèvent du comte de Poitiers, et, après sa mort, du roi de France; mais ils ne leur appartiennent pas. Il existe une seigneurie de Montmorillon, et le 22 décembre 1281 seulement, Gui de Monléon,

(1) Nous trouvons, aux Archives de la Haute-Vienne, des lettres de 1298, émanant du bailliage de Montmorillon et se rapportant à la vente d'un immeuble à Gorre (fonds de Saint-Martial, liasse 2310 provisoire).

possesseur de cette baronnie, la vend, du consentement de sa mère et de sa femme, à Philippe-le-Hardi moyennant une somme de douze cents livres *tournois, plus une rente de cent trente livres* (1). Nous ne voyons pas néanmoins que ce seigneur ait possédé ni réclamé aucun droit sur les forts du Thorion et de la Maude. Tout donne à penser que ceux-ci furent seulement rattachés à Montmorillon par une mesure qu'on pourrait qualifier de mesure administrative et sur laquelle nous n'avons du reste aucune indication (2). Ce n'était pas du château des Monléon que mouvaient les terres de Laron et de Peyrat. Elles étaient sous la main du plus haut seigneur. Le roi de France, du reste, même au temps d'Alphonse, avait entretenu des officiers : un sénéchal, des garde sceaux et des sergents, dans l'apanage du comte de Poitiers comme dans les diocèses rendus au roi d'Angleterre. On en trouve la preuve dans un document des Archives du département de la Haute-Vienne : un contrat de l'année 1267, relatif à un mas situé dans la paroisse de Nedde, *en terre poitevine* par conséquent, émane de Thibaud *de Silvanecto*, « garde du sceau du sénéchal du Poitou établi à Montmorillon pour le roi de France » (3). Ainsi le ressort souverain de Louis IX était affirmé, même sur les terres apanagées, non seulement d'une façon théorique, mais dans la pratique même des faits et dans l'organisation administrative.

C'est en 1289 que les documents de nos archives révèlent pour la première fois l'existence d'une justice royale dans le diocèse de Limoges, en dehors de la juridiction générale d'appel exercée par le sénéchal au nom du souverain. Un acte du 29 juin de cette année émane du garde scel d'un bailliage établi par le roi de France à Laron (4). A cette date, Guillaume Daniel est investi de cette charge. Le sceau de ce siège, dont on possède plusieurs exemplaires, offre un écu semé de fleurs de lis, et accosté de deux rinceaux destinés à

(1) Collection Fonteneau, t. XXVI, p. 263, 267 ; et *Dictionnaire topographique de la Vienne*, par Rédet.

(2) On peut citer, dans la région même, des exemples curieux de rattachements, dans des conditions analogues, d'une localité ou des terres d'un fief à une juridiction dont celles-ci ne dépendaient pas à l'origine. C'est ainsi que la ville de Bellegarde a été rattachée à l'Auvergne : *Placuit domino Regi ut villa de Bella Garda sit de ressorto Arvernie.* 1274. (Les Olim, t. II, p. 60).

(3) *Theobaldus de Silvanecto, custos sigilli senescalli Pictavensis apud Montem Maurilii pro domino Rege Francie illustri* (Arch. Hte-Vienne, D 1039). Ce même Thibaut est dit, en 1287, sous-bailli du Poitou : *subbaylivus Pictavensis*, en même temps que garde sceau à Montmorillon.

(4) On trouve des documents émanant du siège royal de Laron ou mentionnant cette juridiction aux liasses suivantes des archives de la Haute-Vienne : D 1023, 1038, 1039, 1041, 1048, 1087, 1088, 1090, 1091, 1092, 1131, 1132; Solignac, 3090, 4167; Saint-Martial 5731, etc.

décorer le champ du cachet. Aucun des spécimens que nous connaissons n'a gardé la légende complète. Le contre-sceau porte une grande fleur de lis.

Tous les documents limousins où nous avons relevé la mention du siège royal de Laron qualifient celui-ci de bailliage. Il doit néanmoins être identifié avec la « prévôté » de *Layrout*, signalée par M. Boutaric dans son ouvrage : *la France sous Philippe-le-Bel*. C'est sous ce titre de prévôté que Laron figure aux comptes de l'ancien domaine d'Alphonse. C'est la moins étendue, semble-t-il, des circonscriptions de ce domaine et la plus pauvre des subdivisions du grand bailliage de Poitiers; car au compte fourni en 1294 par le sénéchal Jean de Saint-Denis, les recettes de ce siège ne s'élèvent qu'à 47 l. 10 s., tandis que celles de la prévôté de Saint-Maixent atteignent 117 l. 10 s.; celles de Poitiers, 1581.; celles de Montreuil-Bonin, 240; celles de Montmorillon, 250, et celles de Niort, 330.

Il est difficile de se faire une idée un peu exacte de l'étendue du ressort du siège royal créé à Laron. Nous avons rencontré, au cours de nos recherches, une trentaine d'actes, jugements, contrats ou vidimus émanant de ce bailliage : ils ont trait à des fonds, droits ou redevances assis dans les paroisses de Saint-Julien-le-Petit, Saint-Amant-le-Petit, Peyrat-le-Château, Nedde, Rempnat, Saint-Priest-Ligoure, Saint-Hilaire-Bonneval, Roziers-Saint-Georges, Saint-Ville, Eyjeaux, Saint-Denis-des-Murs, Saint-Just, La Geneytouse, Saint-Léonard de Noblat, Sauviat, Solignac, aujourd'hui communes du département de la Haute-Vienne, — et Auriat, Bénévent, Saint-Junien-la-Bregère, Saint-Moreil et la Brionne, aujourd'hui sur le territoire de la Creuse. C'est sous le sceau du siège de Laron qu'en 1304 le baron de Pierrebuffière et l'abbé de Solignac concluent une convention relative au pariage de Saint-Hilaire-Bonneval; c'est sous le même sceau et sous celui de l'official du diocèse qu'en 1305 est attestée la prestation de serment des habitants de Solignac, à l'abbé du monastère. Au livre de raison d'Etienne Benoist, de Limoges, il est fait mention d'un contrat passé sous ce sceau et qui paraît avoir trait à des propriétés sises à Limoges ou aux environs. Plusieurs des localités auxquelles se réfèrent les actes dont il s'agit : Limoges, Saint-Léonard, Saint-Just, La Geneytouse, Eyjeaux, Saint-Priest-Ligoure, Solignac, étaient situées hors des limites de l'enclave poitevine; mais on peut souvent constater qu'il s'agit de droits dépendant de fiefs poitevins. Peut-être aussi toute personne était-elle libre de recourir sinon en matière contentieuse, du moins pour l'authentication des contrats, aux officiers des sièges royaux, et pouvait-elle s'adresser à tel ou tel de ces sièges, suivant ses convenances ou son caprice. Même dans des procès, nous voyons plus d'une fois une des parties déclarer qu'elle accepte une juridiction, à laquelle elle n'est pas soumise de droit. Ainsi une sentence rendue à Limoges, en 1287, par Raoul, commissaire du sous bailli du Poitou, remplissant les fonctions de garde du sceau royal à Montmorillon, mentionne l'acquiescement exprès d'une des parties, l'abbé de Solignac (1).

Toutefois, l'arbitraire ou le caprice ne jouent vraisemblablement pas un rôle aussi considérable que nous pouvons l'imaginer dans les faits de cet ordre. Nos observations sont nécessairement incomplètes. La mouvance de la terre doit, dans les cas ordinaires, régler les rapports, bien que droit de seigneurie et droit de justice ne soient pas nécessairement et toujours liés. Il n'y a pas lieu de s'étonner quand on voit par exemple le chef du monastère fondé sur le bord de la Briance par Dagobert et saint Eloi, recourir alternativement, durant une période de sept ou huit années, au bailliage de Laron, à celui de Montmorillon et à celui de Limoges : Il avait des terres dans la circonscription de ces divers bailliages et certains fiefs étaient assortis de dîmes et de redevances dont nous n'apercevons pas toujours le réseau tout entier ni même les rattachements précis.

Au moment où disparaît l'apanage constitué au profit du quatrième fils de Louis VIII, on sent très nettement un nouvel et énergique effort fait par la politique française pour accroître et affermir l'autorité royale dans la région du centre. L'avènement de Philippe le Bel, qui a précédé de peu la réunion définitive de cet apanage à l'Etat, semble du reste avoir été le point de départ d'une série d'actes qui nous sont très imparfaitement connus, mais qui, préparés et souvent inspirés par les sénéchaux, ont eu pour objet de procurer un appui à l'influence du souverain et à l'action de ses officiers. On peut noter, en particulier, l'établissement de pariages à Limoges-Cité, Saint-Léonard, Saint-Yrieix, et l'acquisition de domaines personnels ou de droits directs réalisée par la Couronne sur plusieurs points de la province entre 1289 et 1310.

La juridiction royale de Laron fut-elle établie sur un domaine confisqué ou acheté par le roi ou à lui abandonné par le seigneur, mais appartenant en propre au souverain ? Le sénéchal l'installa-t-il sur la terre des Roger avec l'autorisation de ceux-ci ? On l'ignore. Tout ce qu'il nous est permis d'affirmer, c'est que le roi n'acquit ni la châtellenie ni le château de Laron eux-mêmes. Dans d'assez nombreux textes, contemporains de l'existence du siège royal, les descendants des Roger gardent le titre de seigneurs de ce château : cette qualification leur est donnée à des actes de 1294, 1296, 1297, 1298 et 1302 (2). L'un d'eux est positivement dit co-seigneur « du château

---

(1) *Petente et consentiente dicto abbate.* Arch. Haute-Vienne, Solignac, liasse 5080 (provisoire).

(2) Arch. Haute-Vienne, fonds du Collège : D 1023, 1039, 1041, 1090, et fonds de Solignac, n° 7256 (provisoire).

et de la châtellenie de Laron » (1). Or le mot de châtellenie éveille surtout dans nos contrées l'idée d'un ressort judiciaire. Les Laron n'abandonnèrent donc pas l'exercice de leurs droits de justice au roi, et gardèrent, auprès du bailliage royal, leur juridiction seigneuriale. Il n'y eut pas association entre le roi et le seigneur, *pariage* comme on disait alors, et comme on vit à ce moment s'en établir plusieurs en Limousin. Aucun document ne témoigne qu'il ait existé à Laron une association de ce genre. Les formules dont se servent les officiers du siège créé en 1289 ne permettent pas d'admettre cette hypothèse ; les relations étroites existant entre le siège de Laron et la commune de Masléon, et le caractère très particulier de cette fondation royale, dont nous allons parler un peu plus bas, semblent du reste exclure toute supposition de ce genre.

La plupart des documents émanant du bailliage de Laron qui nous aient été conservés, sont de simples contrats ou des vidimus de lettres ou d'actes ; quelques-uns toutefois nous montrent le garde sceau et les officiers du siège exerçant des fonctions un peu moins passives que celles d'un chancelier ou d'un notaire. Ainsi, à une pièce de 1297, on voit le garde sceau opérer, en vertu d'un ordre du sénéchal, (et du consentement, il est vrai, des débiteurs), une véritable expropriation.

Devant Pierre de La Chapelle, qui est à ce moment investi de ces fonctions, se présentent, le samedi après Pâques, le procureur des religieux de l'Artige et Ayceline, veuve de Pierre de Gimel, accompagnée de ses fils et de son frère.

Le procureur de L'Artige est muni de lettres du sénéchal de Poitou et Limousin, Jean de Saint-Denis, à Simon de Paris, sergent du roi de France, à l'effet de faire rendre justice au monastère. Celui-ci agit comme créancier de feu Pierre de Gimel de quarante trois livres, et la créance est constatée par une obligation donnée sous le sceau même du bailliage de Laron. Le garde sceau s'exécute et demande aux débiteurs pour quelle raison ils n'acquittent pas leur dette. Ceux-ci reconnaissent la légitimité de la réclamation des religieux, mais déclarent n'avoir point d'argent. Ils sont toutefois disposés à abandonner des immeubles : le manse dit du Menusier ainsi que les borderies du Colombier et de Barraillan, et à les laisser vendre pour donner satisfaction à la communauté. Le garde sceau prend acte de leur consentement et transfère la propriété du manse et des borderages à la communauté de l'Artige, à laquelle les anciens propriétaires dépossédés garantissent une paisible jouissance (2).

(1) *Dominus in parte castri et castellanie de Laront* (D 1023).
(2) *Requisivit nobis, de mandato domini senescalli, debite executioni, prout tenemur nostro officio, mandarem is, ipsosque compelleremus ad solvendum dictis religiosis predictam pecuniam Nos vero, tam... juxta mandatum dicti*

Sur un autre document en grande partie effacé, à peu près illisible, émanant aussi du garde scel au bailliage de Laron (1), nous avons cru déchiffrer les mots : *coram judice nostro*, ce qui indiquerait qu'il s'agit d'une sentence. Toutefois peut-être faut-il lire simplement, comme sur d'autres pièces que nous avons pu étudier : *jurato nostro*, et l'acte, en ce cas, n'offrirait pas un intérêt particulier.

Ajoutons que la formule : *judice nostro*, employée par le garde sceau pour désigner un juge royal, qui ne se trouvait pas placé sous son autorité comme l'étaient par exemple les notaires, serait au moins suspecte : le juge ne pouvant être institué ou commis par le garde sceau, et tenant soit du bailli, soit même du sénéchal, la juridiction qu'il exerce au nom du roi.

Du personnel du siège de Laron, nous ne connaissons d'une façon précise que quelques garde sceau ou chanceliers. Les pièces de nos archives permettent de suivre la série de ces officiers pendant les vingt-trois premières années de l'existence du bailliage. Elles nous montrent, se succédant : en 1289, Arnaud Daniel ; en 1290, 1292, 1294, 1296, 1297, 1298, Pierre de La Chapelle ; en 1304, 1308, 1309, 1311, 1312, Aymeric *Friconis* (2).

Ces fonctions paraissent avoir été, à certaines époques du moins, remplies par les consuls d'une bastide royale dont nous aurons à nous occuper plus loin et qui les cumulèrent avec celles de chefs du bailliage.

domini senescalli, quam etiam virtute litterarum dicti debiti, sigillo dicti domini Regis sigillatarum, requisivimus et submonuimus dictos matrem et filios quod eisdem religiosis satisfacerent de predicta pecunie quantitate. Qui mater et filii, recognoscentes dictum debitum esse verum, prout in dictis litteris continebatur, nullam causam seu rationem pretenderunt quare ad solvendum dictum debitum minime tenerentur ; responderunt tamen quod ipsi non habebant aliqua bona mobilia de quibus possent satisfacere... Asseruerunt tamen quod ipsi habebant quemdam mansum dictum de Menuzier *et bordarias dictas de* Colombier *et de* Barralian *cum pertinenciis suis, sitis in parrochia de Au-* riaco, *volentes et concedentes quod nos predicta mansum et bordarias ex poneremus venalia et ea venderemus pro satisfaciendo de dicto debito creditoribus antedictis. Nos vero, tam volentes exequi mandatum dicti domini senescalli secundum suarum continentiam litterarum, quam ex officio, et prout alias consuevimus, pro execucione litterarum facienda, de voluntate, licencia et consensu dictorum matris et filiorum, mansum et bordarias cum omnibus juribus, hominibus, heredi[tati]bus, terris cultis et incultis ... vendimus auctoritate regia et tradimus dictis religiosis in satisfactionem, solucionem et pasgiam dictarum quadraginta librarum... dantes in mandatis omnibus subditis et servientibus domini regis quod ipsi dictos religiosos in possessionem dictorum venditorum custodiant et deffendant, etc.*(Arch. Haute-Vienne, D 1023).

(1) Arch. Haute-Vienne, fonds de Saint-Martial, pièces diverses.

(2) Arch. Hte-Vienne, D 1043 et 1130 ; Solignac, 3090, 1467, 6925 provisoire ; St-Martial 5731 et pièces diverses de l'aumônerie.

Sauf ces consuls, que nous savons avec certitude avoir rempli, au bailliage de Laron, le rôle de magistrats supérieurs, et dont plusieurs actes mentionnent la cour et nomment le juge, nous n'avons découvert ni le nom, ni même la mention d'aucun bailli, prévôt ou agent fiscal du siège de Laron : aussi nous demandons-nous, vu le rapport intime existant entre la bastide et le bailliage, s'il y eut vraiment à aucune époque un juge royal, une cour royale siégeant dans le lieu de Laron même, et si, en réalité, ce bailliage de Laron fut autre chose qu'un établissement ayant son siège réel à Masléon : la bastide aurait été précisément créée en vue de fournir une résidence sûre et indépendante aux officiers de la nouvelle juridiction (1).

Quoiqu'il en soit, il existe de toute évidence un lien étroit entre l'établissement du bailliage de Laron et la création de la bastide de Masléon (2), fondée par le roi de France sur une hauteur qui domine la Combade et la Vienne, à peu de distance de la jonction des deux rivières. Rien n'explique ce lien, vu la distance, — onze à douze kilomètres à vol d'oiseau, — qui sépare les deux localités, et la difficulté des communications, très réelle de nos jours, bien autrement sérieuse au moyen âge. C'est en 1289, l'année même où nous constatons l'existence du bailliage de Laron, qu'est créée cette bastide. La « ville franche de Masléon », dont les chroniques de Saint-Martial se bornent à enregistrer l'établissement, sans même en faire connaître le fondateur (3), est mentionnée sous la dénomination de « ville nouvelle » par quelques pièces (4). Nulle part on ne trouve de détails sur cette fondation, l'unique cependant de ce genre qu'ait connue le diocèse de Limoges et à ce titre doublement intéressante. Seul, un ancien registre de la Chambre des comptes énonce sa royale origine, et laisse entrevoir son but : une note de ce registre nous apprend que Philippe IV lui-même avait créé cette bastide, au milieu

---

(1) On trouve un bailliage royal à Limoges à partir de 1316. Le bailliage établi dans cette ville ne paraît pas avoir existé avant les premières années du xive siècle. Peut-être fut-il seulement créé quand on organisa l'apanage constitué par Philippe-le-Bel à son second fils qu'on appela « le comte de Poitou » et qui devait plus tard monter sur le trône sous le nom de Philippe V. Après son avènement, les officiers de l'apanage devinrent officiers du Roi. C'est ainsi que le bailli de Limoges fut institué bailli royal (*Ordonnances des Rois de France* et les *Olim*, t. II, p. 623.) Nous ne connaissons pas de mention du bailli de Limoges antérieure à 1313 (*Olim*, t. II, p. 606).

(2) Masléon est aujourd'hui le chef-lieu d'une commune du canton de Châteauneuf-la-Forêt, arrondissement de Limoges.

(3) *Item, anno Domini M° CC° octogesimo nono, incepit villa Mansi Leonis*. DUPLÈS AGIER : *Chron. de Saint-Martial*, p. 137.

(4) *Ville nove de Manso Leonis*. Acte de 1342, aux Arch. de la Hte-Vienne fonds de l'Évêché, liasse 4087.

des possessions anglaises et des domaines des seigneurs du pays, pour « la tenir à sa main », en faire par conséquent un centre d'action d'où son autorité pût rayonner sur la contrée (1). La tentative ne réussit pas. Après les premières années du xiv⁰ siècle, nos archives se taisent sur la commune de Masléon, et à part l'épisode des démêlés de ses habitants avec l'Evêque et le Chapitre de St-Etienne de Limoges, à propos de l'érection d'une église paroissiale (2), la « ville nouvelle » paraît n'avoir pas eu d'histoire. Deux documents du milieu du xv⁰ siècle, conservés aux archives de la Vienne, mentionnent pourtant une fois encore ses consuls (3).

On ne voit pas que le roi se soit associé aucun seigneur direct pour cette fondation, comme c'était assez l'usage à cette époque. Nous avons montré plus haut Roger de Laron, seigneur d'Ajain, traitant avec le comte de La Marche pour la création, sur ses terres, d'une ville franche. Les fondations de ce genre ne sont pas rares dans la région, en Périgord, en Guyenne. Les princes ont été portés à instituer un peu partout des communes et des bastides, et maints traités contiennent des clauses se rapportant à l'éventualité d'établissements de cette nature. C'est ainsi que, dans les conventions conclues entre saint Louis et Marguerite, vicomtesse de Limoges, en vue du mariage de l'héritière du dernier vicomte avec un des fils du roi, un article prévoit le cas où le souverain, investi de la haute administration des états de la jeune Marie jusqu'à la réalisation de l'union projetée, y établira des villes de franchise (4).

Quoi qu'il en soit, rien ne donne à penser que l'emplacement de la nouvelle bastide et sa banlieue appartinssent depuis longtemps au roi. Peut-être lui furent-ils cédés par l'Evêque ou le Chapitre de Limoges, qui avaient d'assez importantes possessions de ce côté. Il faut dire aussi qu'on trouve beaucoup de seigneurs laïques, les Châteauneuf, les Legonac et les Amalvin notamment, possessionnés à proximité de Masléon. Il ne paraît pas que la famille de Laron y ait jamais eu de domaines importants. — Ce qui nous semble incontestable, c'est que la ville neuve relève directement du souverain : le texte cité par Baluze et où il est dit que le roi « tient à sa main » cette bastide, suffirait à l'établir. De quel seigneur l'a-t-il acquise ou prise, et dans quelles circonstances? rien ne nous l'a révélé jusqu'ici.

Masléon, qu'aucun document ne désigne comme ayant, au temps d'Alphonse, appartenu au Poitou, s'y trouve néanmoins rattaché à

(1) *Rex fecit in Lemovicensi bastidam dictam... de Malo Leone, quam ad manum suam tenet* (Armoires de Baluze, Arm. I, tome XVII, fol. 92.
(2) Arch. Hte-Vienne, Evêché, liasses 4087 et 4088.
(3) Arch. de la Vienne, C 390.
(4) *Si idem dominus rex fecerit villas in terra dicte filie nostre, non recipiet in eis homines dotalicii nostri* (Arch. nationales J. 247, n° 20).

cette époque : uniquement, peut-on conjecturer, par l'effet du lien que nous avons signalé entre la bastide créée en 1289 et le bailliage royal de Laron. Ce lien est attesté par divers documents. La juridiction instituée par Philippe IV est dénommée, aux comptes du sénéchal de Poitiers : « Prévôté de Laron et Masléon » (1). Un demi-siècle plus tard, l'union étroite des deux créations persiste, et le maréchal d'Audrehem délègue une rente sur la prévôté « de Masléon et de Laron (2) ». Au surplus, les consuls de la ville neuve ont exercé, à plusieurs époques, peut-être même d'une façon ininterrompue, les fonctions d'officiers au siège de Laron, de chefs du bailliage : ils instituent ou commissionnent le juge, usent des mêmes formules que les officiers des sièges royaux et des officialités, semblent ne pas distinguer la cour du roi de leur propre juridiction et le sceau de leur consulat de celui du bailliage (3).

Au milieu du xv° siècle, on voit encore les magistrats de la bastide créée en 1289 figurer, auprès des barons de Laron et de Peyrat, sur la liste des seigneurs de l'enclave poitevine du diocèse de Limoges dont les fiefs relèvent du château de Montmorillon :

« Les cossous de Masleon, y est-il dit, tiennent la ville et la terre de Masleon et ses appartenances du chastel dudit lieu de Montmorilhon et en doyvent, chascun an, ung florin d'or du coing de nostre sainct pere le Pape, de rente, au Domeine du Roy nostre sire, audict lieu de Montmorilhon, en chascune feste de Nouel » (4).

Mais que restait-il, à la fin du xv° siècle, — la pièce paraît dater de 1454 — de la fondation de Philippe IV, de la ville franche dont aucun document ne fait plus mention après cette date? — Ce qui est bien établi, c'est qu'au xvII° siècle, Masléon est redevenu terre limousine.

Il faut bien distinguer, nous croyons utile d'insister sur ce point, la juridiction du bailliage de Laron de celle de la sénéchaussée royale.

(1) Archives nationales, K 496.
(2) Archives nationales, J 181 D n° 85.
(3) *Consules ville franchie de Manso Leonis per dominum regem Francie in baylia de Laront constituti*, 1291 (Arch Haute-Vienne, fonds de Saint-Martial : Aumonerie.) — *Noverint universi quod cum contentio verteretur in curia Mansi Leonis, coram Stephano Vigerii, judice curie nostre* (*Ibid.* fonds de Saint-Martial, pièces diverses). — *Universis presentes litteras inspecturis, consules ville franchie Mansi Leonis pro illustrissimo domino nostro rege Francie in baylia de Leron constituti, salutem... Noveritis quod coram jurato et executori nostro infrascripto, ad hec a nobis specialiter deputato. Nos predicti consules, ad fidelem relacionem dicti commissarii, sigillum nostrum, salvo jure nostro et quolibet alieno, duximus apponendum*, 1332 (D 846).
(4) Ils sont nommés à une autre liste de vassaux de 1449 et ainsi désignés à ce document : « les coussous de Mauleon ». (Arch. dép. de la Vienne, C 390).

Dès 1240, on trouve un sénéchal établi par le roi de France en Limousin : c'est un chevalier du pays, un membre de la noble famille des Malemort. On connaît peu le rôle que joua ce personnage. Nous sommes mieux en mesure d'apprécier celui dévolu, vingt ans plus tard, aux hauts fonctionnaires que saint Louis envoya dans la contrée pour faire remise au lieutenant général du roi d'Angleterre des territoires rendus à Henri III par le traité de Paris, surveiller l'exécution des conventions arrêtées entre les deux rois et résoudre les nombreuses difficultés, d'une nature très délicate parfois, auxquelles elles durent donner lieu. Ce personnage, qui portait le titre de sénéchal du roi de France dans les diocèses de Limoges, Périgueux et Cahors, avait pour mission de faire respecter les vassaux directs du roi de France, ceux dont les fiefs avaient été exceptés de la restitution de ces trois diocèses au roi d'Angleterre, et de maintenir les droits du souverain.

Les sénéchaux ne conservèrent pas constamment la même circonscription : le diocèse de Limoges fut mis, par la suite, sous l'autorité du sénéchal du Poitou, pendant que ceux de Cahors et de Périgueux demeuraient sous la main d'un fonctionnaire spécial du même ordre.

Ces fonctionnaires exerçaient en conséquence, pour le roi, la haute juridiction, et avaient à Limoges un tribunal dont on trouve plusieurs mentions en 1266, 1270, 1306 et 1310 notamment (1). On les voit juger les appels, statuer sur les conflits de juridictions, renvoyer devant le juge compétent les procès indûment portés devant eux, etc.

Autre est la juridiction de Laron, siège de second ordre, justice ordinaire, statuant sur les causes de toute nature des habitants du domaine direct du roi ou d'une enclave féodale peu importante. La modicité de ses recettes, signalée plus haut et provenant surtout des amendes, paraît témoigner du peu d'étendue de sa circonscription et du peu d'importance de sa clientèle.

(1) Les rouleaux de procédures de la liasse 2440 du fonds de l'évêché aux archives de la Haute-Vienne, nous en fournissent à eux seuls cinq ou six :— *Dicti sutores* (de Saint-Léonard) *rex hoc appellaverunt ad senescallum domini Regis... et dicebatur quod senescallus domini Regis reddiderat curiam dictarum parcium predicto episcopo* (vers 1266). — *Jocellus de Castro Novo fecit ajornari communitatem ville Nobiliaci apud Lemovicas, coram Henrico de Quessance, senescallo domini Regis* (vers 1268 ou 70). *Idem episcopus eundem senescallum requisivit in assisia Lemovicensi proxime preterita, etc... licet de hoc dicto senescallo constaret per relationem dicti Guidonis in assisia publice sibi factam* (vers 1306). Le sénéchal du roi de France à Limoges tenait ses assises dans une grande salle contiguë au chevet de la cathédrale. L'évêque obtint en 1301 (ou 1307) des lettres royales prescrivant à cet officier de transférer son auditoire dans un autre local (Arch. Haute-Vienne, Evêché. Reg. *Tuæ hodie* f. 36).

Nous avions d'abord pensé que la circonscription du siège de Laron pouvait correspondre, à peu de chose près, à celle du bailliage royal de Bourganeuf, dont on constate l'existence dès la première moitié du xv° siècle et qui subsiste encore au commencement du xvii°. Ce baillage eût en quelque sorte continué celui de Laron, dont on aurait, pour la commodité des plaideurs, des juges aussi, transféré le siège dans la petite ville du bord du Thorion.

Toutefois, comme il nous a été impossible, nous l'avons dit plus haut, de déterminer le ressort propre du siège de Laron; comme nous ne constatons nullement qu'il ait rempli l'office de tribunal d'appel pour les petites juridictions seigneuriales des environs; comme divers documents enfin établissent que les plus voisines de ces justices, celles-là même appartenant à l'enclave poitevine, continuent à vivre auprès du siège royal et paraissant n'avoir avec lui aucun rapport, aucun lien, cette opinion ne peut guère se soutenir.

En ce qui concerne Peyrat, par exemple, les archives de la Haute-Vienne, après nous avoir fourni les noms de ses sénéchaux du xii° siècle, nous font connaître ceux de Pierre de Lavergne, damoiseau, prévôt de Peyrat en 1273; de Pierre de Buysserand, damoiseau, sénéchal, et de Simon Ranucius, prévôt du même siège, en 1287; de Pierre Arnaud, clerc, garde sceau de la cour de Peyrat en 1293 et 1309; de Pierre Georges, garde sceau des châtellenies de Peyrat et de Pontarion en 1353 (1).

La mention la plus récente qu'on possède du siège de Laron a été signalée par M. Antoine Thomas : elle est de 1352. On la relève dans des lettres datées de Périgueux, le 3 octobre, par lesquelles le maréchal d'Audrehem, lieutenant du roi entre la Loire et la Dordogne, assigne à Laurent de la Brosse cinquante livres de rente sur la prévôté de Masléon et de Laron (2). Le roi confirma ces lettres au mois d'avril 1353.

IX

Le Bailliage de Bourganeuf. — L'enclave poitevine jusqu'à la Révolution.

Aucun document, à notre connaissance, ne révèle l'existence du Bailliage de Bourganeuf avant 1434 (3). Il fonctionnait sans nul doute

---

(1) Arch. Haute-Vienne, D 1039 et 1041 et Solignac, liasse n° 4599 du classement provisoire.
(2) Arch. nationales, J 181, B n° 85.
(3) Les documents des xii° et xiii° siècles qui mentionnent *Borget-Nou* semblent le désigner comme une localité de minime importance.

antérieurement à cette date ; mais on ignore complètement à quelle époque et à quelle occasion une juridiction royale fut instituée dans la petite ville qui avait dû son développement, et peut-être son origine, à la maison des Hospitaliers établie au cours du xii® siècle sur la hauteur qui domine le Thorion. Ce qu'il importe de constater, c'est que ce siège avait dans son ressort tous les fiefs poitevins du haut cours de la Vienne et qu'il paraît avoir été démembré du bailliage de Montmorillon.

Laron suivit, comme Bridiers et Peyrat, les vicissitudes du comté de Poitiers : tantôt donné avec lui en apanage, tantôt repris par la couronne et tenu du roi en directité. Ce qu'il y a d'important à constater, au point de vue de notre étude, c'est la persistance du lien féodal. Au xv® siècle nous trouvons nommés les seigneurs du vieux château dans un relevé, conservé aux archives départementales de la Vienne, des « nobles personnes et autres qui font hommage et foy a monseigneur le comte de Poictou, a cause de son chastel et chastellenie de Montmorilhon » (1). Ce relevé comprend, outre les deux co-possesseurs de Laron (2) et les consuls de Masléon, le seigneur de « Peyrat, Pontarion et Soubrebost » ; celui de Châtelus-le-Marcheix (c'est alors Herbert Foucaud, chevalier) ; celui de Pérusse. La liste en question se trouve parmi des pièces de 1454, et dans un registre portant en tête cette date ; mais il serait possible que ce ne fût que la copie d'une pièce plus ancienne.

Un autre relevé des possesseurs de fiefs dans le bailliage de Bourganeuf, en 1449, indique, sans donner son nom, le seigneur de Laron et mentionne seulement Louis de Pierrebuffière (Louis II) seigneur de Peyrat, Pontarion et Bourganeuf (n'y a-t-il pas là une erreur et ne faut-il pas lire : Soubrebost ?) ; Charles de Ventadour, co-seigneur de Pontarion, — ce dernier était le gendre de Louis II de Pierrebuffière, — Gilbert Brachet, seigneur de Pérusse ; Aubert Foucaud, seigneur de Châtelus-le-Marcheix, et les consuls de « Mauleon » (3).

Les mêmes archives de la Vienne possèdent un certain nombre d'hommages et aveux d'une époque postérieure rendus au roi de France par les seigneurs de Laron : ceux notamment de Jacques d'Espaigne, en 1561, à cause de Catherine de Narbonne, sa femme ; de sa veuve, en 1584 ; de Desse d'Aubusson, à cause de Gabrielle Trompoudon, sa femme, laquelle tenait la baronnie de Laron, en

(1) C 390.

(2) Le nom de l'un des seigneurs de Laron est indiqué ; mais il se lit difficilement et est peut-être mal orthographié.

(3) Arch. Vienne, C 390. Nous devons une partie des indications qui précèdent et de celles qui suivent, à l'obligeance de M. Richard, archiviste du département de la Vienne, et de M. G. Touyéras, percepteur à Saint-Julien-l'Ars.

qualité d'héritière, de Pierre du Repaire, son oncle, en 1602; de Desse et de Gabrielle Trompoudon, en 1623 (1).

Aux xvi⁰, xvii⁰ et xviii⁰ siècles, les seigneurs de Laron portent constamment le titre de baron. Ils conservent jusqu'au xvii⁰ siècle au moins, semble-t-il, les prérogatives de seigneur justicier. Le testament de Guillaume de Laron mentionne, en 1490, les rôles du greffe de la Cour de Laron, que le testateur lègue expressément à sa femme, usufruitière, comme on l'a vu, de la plus grande partie de ses biens (2). Plusieurs pièces des archives de la Haute-Vienne ont trait à des procès suivis devant cette juridiction : elles conservent le nom de quelques-uns de ses officiers. En 1558, Martial de Rieublanc est juge de la baronnie et tient ses assises, auxquelles assistent trois avocats du siège de Poitiers, M⁰⁰ Jean Layné, docteur; Philibert Polier et Pierre Rat; en 1581, Jacques de Nicard se qualifie de sénéchal et juge ordinaire de la baronnie de Laron, au bailliage de Bourganeuf (3).

Le bailliage de Bourganeuf fut à la fois une circonscription financière et un ressort de justice. On peut se demander s'il eut dès l'origine ce double caractère. Placé dans les dépendances de la grande sénéchaussée de Poitiers lors de la création de celle-ci en 1436, il se trouva à l'époque de son démembrement, compris dans le ressort du siège sénéchal de Montmorillon. On trouve de fréquentes mentions de ce bailliage, jusqu'à la fin du xvi⁰ siècle. Nous en avons rencontré une à la date de 1612; mais nous n'en connaissons pas de plus récente. Dans quelles circonstances cette juridiction fut elle supprimée? On ne le sait. Bourganeuf demeura le chef-lieu d'une circonscription financière : il était, dans la première moitié du xvi⁰ siècle, le siège d'une recette particulière des tailles qui fut transformée en élection.

Au xv⁰ siècle, le « bailliage de Bourganeuf, Peyrat et Pontarion » comprend, d'après les rôles des tailles publiés par M. Louis de La Boutetière, dans les *Mémoires de la Société des Antiquaires de l'Ouest* (4) :

1° Bourganeuf et Bourseilles (Bouzogles?); 2° Peyrat et l'enclave de Beaulieu; 3° Saint-Martin-Château; 4° Royère; 5° Saint-Yrieix-les-Bois et l'enclave des Porcheyroux; 6° Rempnat et l'enclave de Travassaux (?); 7° Sainte-Anne et l'enclave de Plenartige; 8° Beaumont; 9° Saint-Amant-le-Petit; 10° Charrières et Saint-Mareuil (Morcil); 11° Saint-Martin-d'Anèse (de Nedde) ; 12° Saint-Par-

(1) Arch. de la Vienne, C 383.
(2) V. ci-dessus, p. 41.
(3) Arch. Haute-Vienne, D 1091.
(4) Seconde série, t. II, années 1878, 1879, pages 522, 523. La taille payée par ce bailliage, de 500 l. en 1434, de 600 en 1446, de 300 en 1447, de 269 l. 2 s. 6 d., en 1479, s'élevait d'après les mêmes relevés à plus de 5,000 livres en 1480 ; et en 1488 elle dépassait 4,000 l.

doux; 13° Faux-Mazurat; 14° Mérignat et Bosmereau (*sic*); 15° Saint Dizier; 16° Villaret et Bellesoyne (Bellesauve); 17° Saint-Junien-la-Brugère (la Bregère); 18° Moreaux (Mourioux); 19° Châtelus-le-Marcheix; 20° Saint-Goussaud; Pontarion et l'enclave de Tournon (Tauron); 21° Soubrebost; 22° Saint-Hilaire-Château; 23° La Pouge; 24° Saint-Priest-Paluz et Chaurnant; 25° Saint-Amant-Jartoudeix et l'enclave de Meignac; 26° les habitants du Poitou en la paroisse de Bidaillac (Vidaillat) en la Marche.

Ce relevé est fourni notamment par des rôles se rapportant aux années 1434, 1436, 1447, 1479, 1481, 1488, 1490.

Il n'est pas sans intérêt de rapprocher de cet état du bailliage de Bourganeuf du xv° siècle, le relevé des collectes qui formaient le ressort de l'élection de Bourganeuf peu d'années avant la Révolution. Cette élection avait été créée par un édit de janvier 1556 v. st. (1557) et avait remplacé la recette particulière dont on trouve des mentions en 1542 et 1553 (1). Lors de l'institution de la généralité de Limoges en avril 1558, l'élection de Bourganeuf fut distraite de la généralité de Poitiers, et à partir de ce moment dépendit de Limoges. Toutefois elle fut placée, vers le commencement du xvii° siècle, dans le ressort de la cour des Aides de Paris, tandis que le reste de la généralité demeurait dans celui de Montferrand. Voici, par ordre alphabétique, la liste des soixante-dix-neuf collectes de cette élection, d'après un état dressé par M. Desmaret, inspecteur des manufactures, et rectifié par M. l'ingénieur Cornuau (2) :

1° Aulon, paroisse; 2° Auriat, paroisse; 3° Beaulieu, paroisse; 4° Beaumon, paroisse, avec 5° Vassivière et 6° Pierrefite, ou les *Distraits de Beaumont*, ses enclaves; 7° Bosmoreau, paroisse; 8° Bourganeuf, ville; 9° Ceyroux, paroisse; 10° Chadièras ou La Villeneuve, paroisse; 11° Champrouai ou Champroy, paroisse; 12° Charriéras, paroisse; 13° Châtelus le Marcheix, paroisse, avec 14° Chouverne et 15° Moussergue, ses enclaves; 16° Faux et 17° Mazuras, paroisse; 18° La Pouge, paroisse, avec une enclave 19° dite de Rocherolle ou des *Distraits de la Pouge* (Rocherolle dépendait de la paroisse de La Chapelle St-Martial, qui appar-

(1) Voir l'*Introduction* que M. Leroux a placée en tête de l'inventaire de la série C des Archives du département de la Haute-Vienne, p. xviii, xix, etc. Notons enfin un arrêt de 1553 où Bourganeuf est rangé parmi les recettes particulières de la grande élection du Poitou (*Reg. consulaires de Limoges*, t. II. p. 42.

(2) Arch. Hte-Vienne, C 128, C 129, C 139 et C 140. L'élection de Bourganeuf était, dans la seconde moitié du xviii° siècle, divisée en cinq arrondissements : Bourganeuf (17 collectes), Saint-Dizier (17), Saint-Maureil (9), Royère et Peyrat (21) et Nedde (15).

tenait à l'élection de Guéret); 20° les Billanges, paroisse; 21° Magnat, près Montboucher, paroisse; 22° Meyrignac, paroisse; 23° Montboucher, paroisse; 24° Morterolles, paroisse; 25° Mourioux, paroisse, avec deux enclaves: 26° La Gaudinerie et 27° Cluptat; 28° Nedde, paroisse, avec 29° Louzac, 30° Lavau-le-May et 31° La Cour Mas-Faucher, ses enclaves; 23° Peyrat, ville, avec quatre enclaves : 33° le Mas-Hiverneix, 34° Balandeix, 35° Counouille et 36° Saintrand, ou les *Distraits de Peyrat* ; 37° Plénartige, paroisse; 38° Rempnat, paroisse; 39° Reix-Puyfaucher, paroisse; 40° Royère, paroisse, avec sept enclaves : 41° Roudaressas, 42° Hautefaye, 43° Andaleix ou Royère-enclave, 44° l'Angladure, 45° Les Bordes, 46° Villars-Gensanas, 47° Vouveix; 48° St-Amant-Jartoudeix, paroisse; 49° Ste-Anne, paroisse; 50° St-Dizier, paroisse, avec deux enclaves : 51° La Brugère et 52° Pommier, ou les *Distraits de St-Dizier* ; 53° St-Goussaud, paroisse ; 54° St-Hilaire-le-Château, paroisse; 55° St-Julien-le-Petit, paroisse, avec une enclave, 56° le Cloup ou les *Distraits de St-Julien* ; 57° St-Junien la Brugère, paroisse; 58° St-Martin-Château, paroisse, avec deux enclaves : 59° la Clavelle et 60° La Chassagne, ou les *Distraits de St-Martin* ; 61° St-Maureil, paroisse ; 62° St-Pardoux-Lavaud, paroisse ; 63° St-Priest-Palus, paroisse, avec son enclave, 64° le Mas-Château-Merle, ou les *Distraits de St-Priest* ; 65° St-Yrieix-la-Montagne, paroisse; 66° Soubrebost, paroisse, avec les *Distraits de Soubrebost* ou Grandeaux ; 67° Bellesauve, dépendant de la paroisse de Janaillat, qui ressortissait à l'élection de Guéret ; 68° La Vareille Las Chaux, dépendant de la paroisse de Gentioux, élection de Guéret; 69° Lavaud'Hugier, paroisse de Vallière (élec. de Guéret); 70° Leygaud, paroisse de St-Pierre-Château (élec. de Limoges); 71° La Royère ou les *Distraits de St-Hilaire-le-Château*, formée en grande partie de villages de la paroisse de Sardent (élec. de Guéret); 72° Le Monteil la Combe, de la paroisse de La Celle (élec. de Tulle); 73° Neuvialle et Le Freisseix de la paroisse de l'Eglise-au-Bois (élec. de Tulle); 74° Pontarion, annexe de Thauron (élec. de Guéret); 75° Quinsac, même paroisse; 76° Langle, paroisse de St-Amand-le-Petit (élec. de Limoges); 77° Fournoux, paroisse de Vidaillat (élec. de Guéret); 78° Villars, annexe d'Augères (élec. de Guéret); 79° Villars-Vervialle, dépendant de La Noaille, paroisse de l'élection de Limoges.

Ces territoires n'avaient pas une étendue inférieure à 70 à 72,000 hectares; leur population est aujourd'hui de 29 à 30,000 âmes.

L'élection tout entière formait, au xviii° siècle, une seule subdélégation, dont le titulaire résidait à Bourganeuf. Ainsi, dans l'organisation financière et administrative, l'enclave avait été complètement distraite du Poitou et rattachée au Limousin. Il n'en était pas de même dans l'ordre judiciaire. Au moment de la Révolution

Bourganeuf, Peyrat et toutes les localités formant le petit groupe Poitevin d'entre le Limousin et la Marche, étaient demeurés dans le ressort du siège sénéchal de Montmorillon. En cela au moins, la mouvance féodale s'était maintenue. Toutefois, depuis 1635, date de la création du présidial de Guéret, l'enclave avait été rattachée à ce siège pour les causes présidiales.

On relève quelques particularités curieuses en étudiant de près la composition de ces collectes. Ainsi, il résulte des indications fournies par les liasses C 139 et C 140 des Archives du département de la Haute-Vienne qu'une partie du bourg de Saint-Julien-le-Petit n'appartenait pas à l'élection de Bourganeuf. Le lieu de Laron lui-même ne dépendait plus de ce ressort et avait été rattaché, même pour la justice, semble-t-il, au ressort de Limoges. Nous avons vu, en 1741, Pierre-Annet de La Bermondie d'Auberoche, baron de Laron, passer un acte à son château de Saint-Julien « en Limousin » (1).

L'état de choses qui s'était ainsi maintenu n'était pas sans entraîner de graves inconvénients. Isolée, éloignée du foyer de sa coutume et du siège de la juridiction, égarée en quelque sorte entre la Marche et le Limousin, l'enclave poitevine dont Bourganeuf était devenu le chef-lieu, est signalée à plusieurs époques comme privée de toute police. Les crimes et délits n'y étaient pas rares ; il s'y commettait fréquemment des violences. Elles restaient impunies. Deux moyens de remédier à cette situation se présentaient : l'un consistait à rattacher complètement pour la justice ces territoires soit à Limoges, soit à Guéret ; l'autre, de beaucoup préférable, à cause de la fidélité de ces populations à la coutume du Poitou, était la création d'une juridiction spéciale pour l'enclave. On parut, vers le milieu du XVIIe siècle, adopter ce dernier parti, mais il se trouva qu'au lieu de rétablir l'ancien siège de Bourganeuf, on érigea à St-Léonard une sénéchaussée dont le besoin ne se faisait nullement sentir, et qui fut bientôt supprimée. L'enclave continua de ressortir au sénéchal de Montmorillon, ville dont une distance de « quarante lieues françoises » séparait plusieurs de ses paroisses, comme l'atteste, en 1688, l'auteur d'un intéressant *État des paroisses de la Généralité de Limoges*, conservé à la bibliothèque communale du chef-lieu du département de la Haute-Vienne. Aux XVIIe et XVIIIe siècles, on agita plusieurs fois la question d'un remaniement des circonscriptions des élections et des généralités. Mais on recula devant l'importance des modifications réclamées par les intendants, et on se borna à quelques changements de détail. La Révolution devait se charger de cette besogne. Les mouvances féodales disparurent avec les privilèges ; les coutumes particulières s'effacèrent pour ne laisser subsister que la loi nationale. Aux généralités, aux

(1) Voir ci-dessus, p. 44.

vieilles provinces succédèrent de nouvelles circonscriptions judiciaires et administratives. Après quelques tâtonnements, et l'élaboration d'un premier projet qui souleva de nombreuses réclamations, l'enclave de Bourganeuf fut presque toute entière adjugée au département dont Guéret devenait le chef lieu : on se souvient que le bailliage ressortissait à Guéret pour les causes présidiales Huit paroisses seulement et quelques villages furent incorporés à la Haute-Vienne. Sept de ces paroisses : Peyrat-le-Château. Beaumont, Nedde, Plénartige, Rempnat, St-Julien-le-Petit, Ste-Anne, avec une portion de celle de St-Amand-le-Petit furent comprises dans le canton d'Eymoutiers, un des plus vastes de notre département. C'est là qu'il faut chercher aujourd'hui les deux points notables de l'enclave poitevine sur lesquels nous appelic l'attention de nos lecteurs aux premières lignes de cette étude.

ADDITIONS ET RECTIFICATIONS

Page 19. — Roger I de Laron eut deux frères, Vivien et Gérald (1). Ce Gérald est selon toute vraisemblance le Gérald I ou Gérard, fils de Marbode et d'Odolgarde, époux d'une autre Odolgarde et père de l'évêque Jourdain, dont il est question à la page 21. Marbode serait, dans ce cas, la souche commune des diverses branches de la maison de Laron.

P. 28. — Il résulte de deux passages catégoriques du Cartulaire d'Uzerche que l'évêque Gui de Laron doit être identifié avec Gui I (p. 24), fils de Roger II et de Vierne, frère d'Adémar, de Gérald et d'autre Gérald (2).

Page 29 ligne 23. — Gérald IV *lisez* Gérald V.

(1) *Geraldus de Leron, cujus Rotgerius et Vivianus fratres*, vers l'an 1000 (Cartulaire d'Uzerche, ap. *Bulletin de Tulle*, année 1893, p. 317).

(2) *Rotgerius et uxor ejus, Vierna filii Ademarus, Geraldus, Guido, Geraldus, dant duos mansos in parochia sancti Pardulphi de Bonaval : al Broil e al Froisse. Testes : Rotgerius de Leront, eu ... Rotgerius de Leront dedit mansum del Broil, ubi postea constructa ecclesia jussione filii sui Guidonis episcopi et ab eo consecrata ... Guido, episcopus Lemovicensis, pro anima patris sui Rotgerii de Leront, dedit mansum ad Clop, in parochia Sancti Pardulfi de Bonnaval ... Testes Jordanus, nepos ejus* (Ibid, p. 311, 317, 318).

www.ingramcontent.com/pod-product-compliance
Lightning Source LLC
LaVergne TN
LVHW050606090426
835512LV00008B/1366